世界高端文化珍藏图鉴大系

中华之美

瓷器

收藏与鉴赏

任泉溪/主编

中国人口出版社
China Population Publishing House
全国百佳出版单位

图书在版编目（CIP）数据

中华之美：瓷器收藏与鉴赏 / 任泉溪主编 . -- 北京：中国人口出版社，2020.12
（世界高端文化珍藏图鉴大系）
ISBN 978-7-5101-7700-2

Ⅰ . ①中… Ⅱ . ①任… Ⅲ . ①瓷器（考古）—收藏—中国—图集②瓷器（考古）—鉴赏—中国—图集 Ⅳ . ① G262.4-64 ② K876.32

中国版本图书馆 CIP 数据核字 (2021) 第 023274 号

中华之美：瓷器收藏与鉴赏

ZHONGHUA ZHIMEI：CIQI SHOUCANG YU JIANSHANG

任泉溪　主编

责任编辑：魏志国
排版制作：文贤阁
出版发行：中国人口出版社
印　　刷：北京市松源印刷有限公司
开　　本：787 毫米 ×1092 毫米　1/16
印　　张：18
字　　数：225 千字
版　　次：2020 年 12 月第 1 版
印　　次：2020 年 12 月第 1 次印刷
书　　号：ISBN 978-7-5101-7700-2
定　　价：128.00 元

网　　址：www.rkcbs.com.cn
电子信箱：rkcbs@126.com
总编室电话：（010）83519392
发行部电话：（010）83530809
传　　真：（010）83519401
地　　址：北京市西城区广安门南街 80 号中加大厦
邮　　编：100054

Foreword 前言

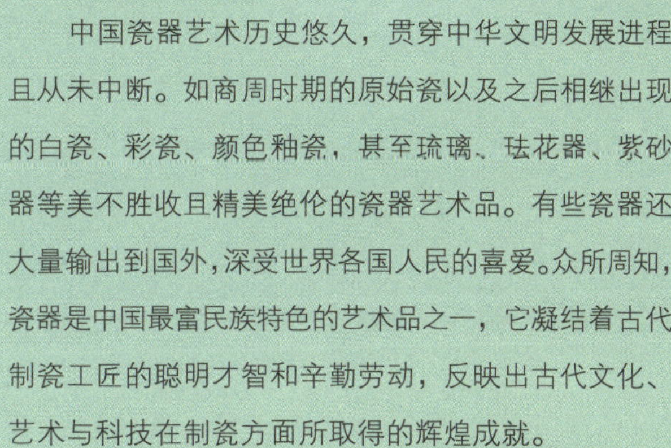

中国瓷器艺术历史悠久，贯穿中华文明发展进程且从未中断。如商周时期的原始瓷以及之后相继出现的白瓷、彩瓷、颜色釉瓷，甚至琉璃、珐花器、紫砂器等美不胜收且精美绝伦的瓷器艺术品。有些瓷器还大量输出到国外，深受世界各国人民的喜爱。众所周知，瓷器是中国最富民族特色的艺术品之一，它凝结着古代制瓷工匠的聪明才智和辛勤劳动，反映出古代文化、艺术与科技在制瓷方面所取得的辉煌成就。

瓷器作为传统工艺，与金银器、古玉器等贵重材质不同，它由平凡的“泥土”加工而成，经过特殊的工艺，使其不仅拥有如玉似银的釉色，而且具有独特的造型和富丽的彩绘装饰，远非金玉所能比拟。早在三千多年前的商代，先民就开始烧制原始青瓷，至三国、两晋、南北朝时期，青瓷的烧造已经达到很高的水平。发展到唐代，形成了以南方越窑和北方邢窑为代表的两大瓷窑系统。宋代是中国瓷器艺术发展的高峰，窑厂林立、种类繁多、工艺精湛、技法丰富，有著名的汝、官、哥、定、钧五大名窑；还有北方的磁州窑、耀州窑，南方的龙泉窑、景德镇窑等，其地域特色鲜明，工艺水平极高，取得了空前的艺术成就。到元、明、清时期，制瓷业更加繁荣昌盛。元代最突

Foreword

出的成就是釉下青花和釉里红等品种的烧制成功。明清时期，景德镇御窑厂的建立为烧造出种类繁多、造型丰富、釉彩缤纷、纹饰精美的瓷器创造了条件，彩绘瓷艺术有了突飞猛进的发展，品种多达数十种，开创了中国瓷器发展史上的新纪元。

由于许多收藏爱好者对于瓷器知识了解不多，这让那些刚刚进入瓷器收藏领域的朋友交了很多的“学费”，无论是精力还是财力上都蒙受了不必要的损失。为了让初学者能够更好更快地了解瓷器鉴定的基础知识，提高辨别真伪的能力，我们精心编撰了本书。本书内容丰富，详细介绍了瓷器的历史起源、制作工艺、造型款式以及各地名窑等，并且以时间为顺序对不同朝代的瓷器都进行了详尽的介绍。除此之外，关于古瓷器的辨别与评估、收藏与投资以及瓷器日常保养的内容也进行了相应的介绍，并挑选了众多精美的实物图片，以图文结合的形式，贯穿全书，旨在通过直观的图片向读者展示中国瓷器的文化内涵，便于读者赏析瓷器，增加收藏兴趣，提高鉴别水平。

由于编者水平有限，加之时间仓促，书中难免有疏漏之处，敬请广大读者批评指正。

目录

Contents

第一章 中国瓷器概述

瓷器的起源……………… 002

瓷器出现的时间………003

瓷器形成的条件………005

瓷器与陶器的区别……006

瓷器与中国文化………… 008

瓷器与中国饮食文化…008

瓷器与书画艺术………010

瓷器与中外文化交流…011

第二章 瓷器的基础知识

瓷器的原料……………… 014

瓷器的制作……………… 015

练泥……………………016

拉坯……………………016

利坯……………………016

阴干……………………016

刻花……………………016

施釉……………………017

烧窑……………………017

釉上彩…………………017

低温烧成………………017

瓷器的造型……………… 018

圆器……………………018

琢器……………………023

瓷器的釉彩……………… 042

瓷器的釉料……………042

釉料的种类……………044

瓷器的彩料……………065

釉彩的种类……………066

瓷器的纹饰……………… 077

装饰技法………………077

构图形式………………084

纹饰类别………………087

瓷器的款识……………… 096

纪年款……………………097

堂名款……………………098

吉言款……………………099

赞颂款……………………100

花样款……………………101

陶人款……………………101

仿款………………………102

第三章 中国历代名窑

北方名窑……………… 104

邢窑………………………104

曲阳窑……………………105

定窑………………………106

汝窑………………………107

钧窑………………………108

耀州窑……………………109

磁州窑……………………110

南方名窑……………… 111

瓯窑………………………111

婺州窑……………………111

德清窑……………………112

岳州窑……………………112

寿州窑……………………113

长沙窑……………………114

洪州窑……………………115

哥窑………………………116

南宋官窑…………………117

建窑………………………117

越窑………………………118

龙泉窑……………………119

吉州窑……………………120

德化窑……………………121

建阳窑……………………121

景德镇窑…………………122

第四章 瓷器的时代特征

商周至两汉瓷器…………124

商周瓷器…………124

两汉瓷器…………128

三国两晋南北朝瓷器……130

三国瓷器…………131

两晋瓷器…………131

南北朝瓷器…………133

隋代瓷器…………134

唐代瓷器…………136

五代瓷器…………138

辽代瓷器…………139

宋代瓷器…………142

西夏瓷器…………146

金代瓷器…………147

明代瓷器…………150

洪武时期瓷器…………150

永乐时期瓷器…………153

宣德时期瓷器…………156

空白期瓷器…………158

成化时期瓷器…………159

弘治时期瓷器…………163

正德时期瓷器…………167

嘉靖时期瓷器…………171

清代瓷器…………172

顺治时期瓷器…………172

康熙时期瓷器…………176

雍正时期瓷器…………192

乾隆时期瓷器…………207

嘉庆、道光、咸丰时期瓷器…………208

第五章 瓷器的鉴别与收藏

瓷器的辨别与评估………210

瓷器辨伪是必修课……213

仿古瓷器出现的原因…216

伪品的做旧方式………219

辨真伪…………………225

断时代…………………232

判窑口…………………237

评价值…………………242

瓷器的收藏与投资………244

瓷器投资市场…………244

投资误区………………246

瓷器收藏潜力品种………251

官窑的升值潜力………252

青花的上升空间………254

粉彩瓷器将大放异彩…255

名窑瓷器稳步升值……258

精品不容忽视…………262

明清瓷器是投资重点…267

当代艺术瓷器可关注…271

瓷器的保养………………274

瓷器的受损……………274

瓷器的保存……………276

瓷器的清洗……………277

瓷器的修复……………278

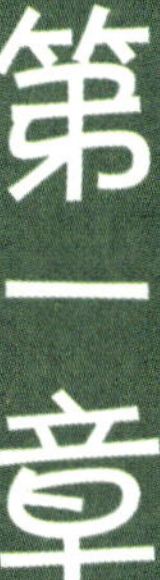

第一章

中国瓷器概述

粉彩盖碗

年代　民国时期
规格　高 10 厘米
　　　口径 10 厘米

瓷器的起源

在我国历史上，瓷器和玉器都占有重要地位，这两种艺术品的发展堪称中华文明的“双璧”。如果说玉器是中华文明的基础，那么瓷器就是中华文明的标志。瓷器和玉器一样，也具有悠久的历史，并且瓷器的发展史与中华文明的发展史紧密相连。正如我国现代著名历史学家郭沫若所说：“中国古陶瓷发展的历史，就是中华民族发展的历史。”以下就让我们对瓷器的起源做详细的探讨。

瓷器出现的时间

关于瓷器的发端，我国学术界一直争论不休，目前主要有魏晋说、东汉说、商代说和夏代说等几种不同的说法，其中最被广大学者接受的说法是，我国最早的瓷器出现于商代，也就是公元前16世纪中叶，距今已经有超过3600年的历史了。目前，考古学上出土的生产年代最早的瓷器是从河南郑州殷商墓中发掘的黄釉瓷尊——一种原始青瓷。然而也有很大一部分学者认为，瓷器产生于更早的时期，那就是夏代，因为根据考古学上的发现，在一些夏代遗址中已经发现了一些瓷器。这些瓷器已经不同于陶器，它的原料之中不只有黏土，还加入了石英和长石等矿物，但是这种瓷器的表面并没有施加釉料，所以被叫作“原始素烧瓷”。但是这种瓷器又与真正意义上的瓷器在硬度、烧结性方面，存在诸多差异，所以这种瓷器能否算作瓷器还存在较大的争议。当然这只是从瓷器的出现时间来说的。

粉彩花卉纹盘

年代 民国时期
规格 口径25厘米

贴花花鸟帽筒（一对）

年代　民国时期
规格　高 38 厘米

要说瓷器的起源，则不能不提到陶器，因为瓷器就是在陶器的基础上发展来的。根据目前专家学者的考证，陶器大约出现于新石器时代初期，也就是我国的原始社会时期。那个时候，原始先民以高岭土为原料，烧制出陶器，这些陶器因为烧制时温度的不同，又有黑陶、白陶、彩陶、印纹陶和釉陶等多种类别。陶器在新石器中期开始兴盛，到殷商时代达到鼎盛，从西周开始才逐渐衰落下去。从中我们可以看出，瓷器的产生时代正好是陶器兴盛的时代，而且根据相关学者的研究发现，早期瓷器的制作工艺中可以看到很明显的制陶工艺的影子，这些都证实了陶器和瓷器的母子关系。事实上，相关学者的研究考证也证明，陶器中的白陶和釉陶为瓷器的出现奠定了基础。

最初的瓷器就是出现于商代的原始青瓷，现今出土的这类瓷器的胎体表面大多有许多裂纹，并且釉色也不稳定，这主要是因为当时的瓷器制作工艺不完善，对瓷器的制作原料处理得不够细致，致使制作瓷器的黏土中保留了过多的杂质，而且烧制瓷器时的炉火温度也不够高。用今天的眼光来看，这一时期的瓷器质量还略显粗糙，制瓷工艺还处于初步发展时期，所以专家学者称这一时期的瓷器为原始瓷器。

从目前考古学发现来看，商代原始瓷器主要分布于河北、河南、山西等黄河中下游地区，以及湖南、湖北、江苏、江西等殷商时期的墓葬或遗址之中。如此广泛的分布，充分说明了原始瓷器在当时已经是非常普遍的实用器具了。

瓷器形成的条件

通常情况下，想烧制出瓷器应该同时具备以下三个条件：首先要精心选择和加工原料，用这种原料制成坯体之后，坯体应该呈现白色或灰白色；其次是在坯体表面施加釉料，并且务必要使坯体表面的釉层薄厚均匀，并与坯体紧密结合在一起；最后是在烧制瓷器的过程中，使瓷窑的温度保持在1200℃以上。只有这样，烧制出的瓷器才会质地细密，吸水率低，敲之发出清脆悦耳的声音。

这三个条件是瓷器形成的最基本条件，三者缺一不可。从我国目前出土的商代原始青瓷来看，它们大多具备了这三个条件，所以它们应该属于瓷器的范畴，但是商代出现的白陶和硬胎釉陶虽然外表也有一层类似釉彩的物质，但是那并不是在瓷器烧制之前特别施加的釉料，而是坯体的制作原料中混有的某些物质在高温状态下发生化学反应而产生的一种类似釉层的化学物质。所以，商代的白陶和硬胎釉陶并不是瓷器。

矾红狮子壶

年代　民国时期
规格　高23厘米

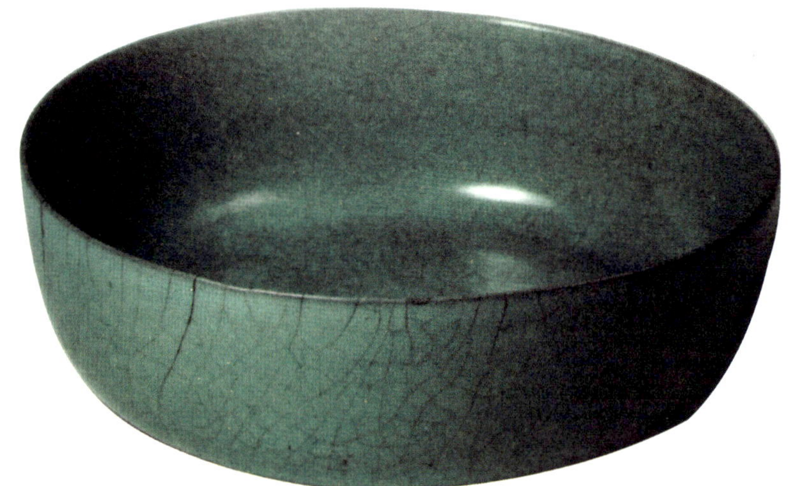

汝窑天青釉葵花洗

从这里，我们也可以看出，釉是陶器与瓷器之间的重要区别之一。从化学角度来说，釉是一种硅酸盐，它只有在极高的温度之下，才会熔化，而熔融状态下的釉又会随着温度的下降而凝固，最终形成一种玻璃体和晶体的混合层。对于瓷器来说，釉至关重要，甚至可以说，釉是原始瓷器产生的必备条件。在原始社会生产的陶器，因为表面无釉，所以质地粗糙、吸水率高，非常容易受到所盛液体的污染，这也使得陶器的使用受到很大限制。虽然那时的人们采用各种工具对陶器进行修光、磨光，但是依然没能解决这个问题。直到商代出现了石灰釉，才彻底解决了这一问题。当然，这样一来，陶器已经不再是陶器，而是瓷器了。

瓷器与陶器的区别

在我国古代典籍中，比如《陶记》《陶说》《天工开物》《景德镇陶录》和《陶冶图编次》等，常常用陶来指代瓷器。可见，那时的人们对于陶和瓷的区别还没有系统的认识。

在另外一些古籍中，提到了古人对于陶和瓷的认识，说凡是以高岭土制成的都是瓷器，而以黏土制成的都是陶器。然而在我们现代人看来，高岭土也不过是黏土中的一种，所以严格来说，古人的说法并不科学。除此之外，在我国的传统文化中，还有以胎体中是否含有莫来石晶体为标准来区别陶器和瓷器的，就是说胎体中含有莫来石的是瓷器，不含有的是陶器。但是根据当今学者的研究发现，宜兴和温州生产的精陶都有不同含量的莫来石，因此，这一区分方法也是不科学的。

现代专家学者的研究发现，陶器和瓷器之间除了有无釉层之外，确实还存在着其他方面的区别，主要有以下几点：

（1）陶器胎体的含铁量一般会超过 3%，而瓷器胎体的含铁量通常情况下是低于这一数值的。

（2）烧制陶器时，窑温达到 900℃左右就可以了，但是要想烧制出瓷器，必须使窑温达到 1200℃以上才可以。

（3）陶器没有釉层，所以胎质粗糙，非常容易吸水，而瓷器有釉层，胎体表面极为细密，吸水率极低，甚至完全不吸水。

另外还需要说明的就是，陶器的制作工艺相对简单，只要具备一定的条件，任何一个农业部落或族群都可以制作陶器，而瓷器的制作工艺却非常复杂，是我国的独特发明。

矾红狮子渣斗

年代 民国时期
规格 高 15 厘米

瓷器与中国文化

瓷器是我国独创的艺术品，它从诞生到发展壮大，无时无刻不受到中国传统文化的影响和熏陶，就像玉器一样，随着时间的积淀而产生了瓷器文化，这种文化与饮食文化、绘画艺术等文化艺术紧密相连，是中华文明的重要组成部分。

瓷器与中国饮食文化

在我国，历来有“民以食为天”的说法，由此可见国人对于饮食的重视。在我们看来，饮食不仅仅是为了满足生理上的需求，更是一门艺术，一种文化。而瓷器在最初产生的时候，就是作为日用器皿出现的，所以，瓷器与中国饮食文化有着密不可分的联系。

汝窑莲花式温碗

矾红狮子纹罐

年代　民国时期
规格　高 30 厘米

瓷器的出现首先引发了国人饮食工具的变革。瓷器问世之后，因其光滑精致的外观和坚固细腻的质地，很快成为人们首选的饮食器具。在世人看来，饮食使用瓷器，不仅方便卫生，更是一种优雅礼仪的象征。

在中国传统饮食文化中，吃的仪式是最为重要的部分。国人在吃的过程中，不仅看重食物的色、香、味，还讲求盛放器具的寓意和造型。如此一来，就使得盛放食物的瓷器有了不同的韵味和审美情趣。试想一下，当厨师用一种独具特色的瓷盘盛着美味菜肴来到你面前时，你不仅会因食物的香味而着迷，更会因瓷盘的精美外观而激动不已。这个时候，吃饭也就不再仅仅是一种生理需要，也成为一种文化艺术鉴赏活动。

粉彩花卉纹花盆

年代　民国时期
规格　高 22 厘米

在中国传统饮食文化中，茶和酒是最受欢迎的两种饮品。纵观整个古代史就会发现，中国的饮茶之风源远流长，早在唐代就已经非常流行了。因为饮茶之风的盛行，各种茶具也开始兴盛起来，这其中最为主要的还是瓷器。在国人看来，饮茶品茗是文人雅士的高雅行为，而要与之匹配，当然需要外形优美的瓷器来做茶具。

至于酒在中国传统文化中的地位就更加不言而喻了，而文人与酒的联系，与茶相比，更是有过之而无不及。在我国的历史上，最常见的酒具也多为瓷器，其中最著名的当属“太白尊”，这种口小底大、造型别致的瓷器是大诗人李白最喜欢使用的酒具。

总而言之，瓷器自问世以来，就与中国饮食文化保持着紧密联系。同样，对于中国饮食文化来说，也因为有了瓷器的陪衬，才更显出它的独特韵味。

瓷器与书画艺术

在世界绘画艺术中，中国书画艺术显得独具特色，它是以宣纸、毛笔和墨汁为原料创造出来的图画作品。在瓷器的发展过程中，人们出于对瓷器的喜爱，而将这种绘画艺术运用于瓷器的制作过程中，如此一来，造就了中国书画艺术的一种全新表达方式。

中国书画艺术在唐代经历了其发展史上的第一个高峰期。在此期间，出现了一大批出色的书画大师，他们给后人留下了大量的优秀作品。几乎与此同时，民间的瓷器制作大师们开始将这些优秀的书画作品应用到他们的制作中。也就是从这一时期起，瓷器的胎体上开始出现生动形象的书画，从而赋予了瓷器更深厚的文化内涵。到了宋代，这种手法在瓷器中更为常见，许多瓷器制作大师都非常崇尚这种艺术手法。也是因为他们的努力，才让更为广泛的题材被运用于瓷器的制作之中。到了明清时期，新的瓷器装饰艺术更是层出不穷，这种手法的熟练运用，最终推动了瓷器装饰中“墨分五色”效果的出现，这也是中国绘画艺术在瓷器制作中达到鼎盛的标志。

邛窑荷花碗

瓷器与中外文化交流

瓷器首创于我国，其雅致的造型和精致的装饰使其在我国长盛不衰。同时，流传于海外的瓷器，也得到了世界各国人民的喜爱。一般而言，外国人对于中国文化的认识往往是从瓷器开始的，因此，瓷器的对外传播历程就相当于中国文化对外传播的历程。瓷器是中国文化的代名词，是外国人了解中国文化艺术的桥梁，从这种意义上说，瓷器就成了中外文化交流的载体。

中国瓷器的外销始于东汉时期，到了唐宋时期，随着时代和经济的进一步发展，再加上中国各地瓷窑瓷器产量的增加，我国外销瓷器的规模也迅速变大。那个时候，世界闻名的“丝绸之路”上总是可以看到满载瓷器的骆驼商队。到了明代郑和下西洋的时候，中国瓷器正式以中国政府的名义呈现在世人面前，也就是这个时期，瓷器开始兴盛于西方。当时，欧洲许多贵族都喜欢购买中国瓷器，尤其在上流社会，如果一个人对中国瓷器的釉彩和纹饰有深入研究的话，他就会得到大家的尊重，因此，中国文化和西方文化就以这种奇妙的方式融合起来了，其结果就是用中国的瓷器制作方法制作出带有欧洲纹饰风

粉彩红狮子帽筒（一对）

年代 民国时期
规格 高 38 厘米

格的瓷器，这也是中西方文化交流的一种表现形式。到了清代，随着国门被迫打开，国人开始重新认识这个世界。这个时候，因为对外贸易的频繁，越来越多的瓷器制作人为了迎合西方人的喜好，开始生产带有欧洲风格的瓷器，从最终成品上来看，这类瓷器的纹饰图案更是丰富多彩，不仅有古希腊、古罗马的神话故事，还有欧洲著名油画，甚至连圣经故事都包括在其中，这类瓷器在一定程度上丰富了中国传统瓷器的纹饰风格，也在一定程度上促进了中国瓷器的对外推广。从这个角度来说，瓷器对于中国文化的对外传播又一次起到了重要的促进作用。总而言之，纵观历史，我们发现，西方人对于中国文化的认识是从瓷器开始的，并且中国瓷器在此基础上又进一步促进了中国文化的传播，因此，瓷器在中外文化交流过程中起到了不可忽视的重要作用。

第二章 瓷器的基础知识

战国　兽面纹陶罐

瓷器的原料

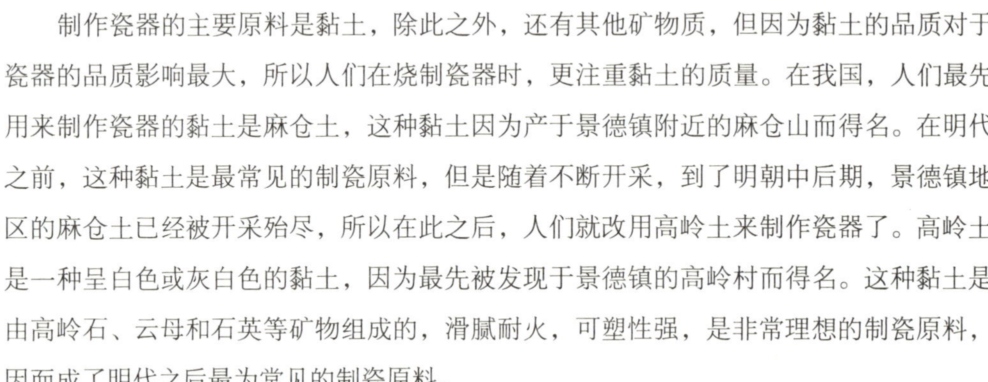

制作瓷器的主要原料是黏土，除此之外，还有其他矿物质，但因为黏土的品质对于瓷器的品质影响最大，所以人们在烧制瓷器时，更注重黏土的质量。在我国，人们最先用来制作瓷器的黏土是麻仓土，这种黏土因为产于景德镇附近的麻仓山而得名。在明代之前，这种黏土是最常见的制瓷原料，但是随着不断开采，到了明朝中后期，景德镇地区的麻仓土已经被开采殆尽，所以在此之后，人们就改用高岭土来制作瓷器了。高岭土是一种呈白色或灰白色的黏土，因为最先被发现于景德镇的高岭村而得名。这种黏土是由高岭石、云母和石英等矿物组成的，滑腻耐火，可塑性强，是非常理想的制瓷原料，因而成了明代之后最为常见的制瓷原料。

战国 青瓷鼎

瓷器的制作

瓷器的制作是一个复杂的过程，工艺会随着时代的演进而不断发生变化，这也使得不同时代的瓷器带上了不同的时代特征。具体来说，瓷器的制作流程如下：练泥（黏土）——拉坯——利坯——阴干——刻花——施釉——烧窑——釉上彩——低温烧成。以下做详细介绍。

练泥

即对制瓷原料——黏土做进一步的处理。将从矿区采集回来的黏土经过碾压、淘洗等工序处理后，用水调和成泥，再将泥料反复翻打、揉捏，使泥料具有更好的可塑性和致密性，然后将翻打好的泥料制成“不子”（陶瓷专用术语，“不”读音“dǔn”），即将泥料制成砖块状。

战国　青瓷洗

拉坯

即将不子制成瓷器形状的工序，具体就是将不子放到陶车（一种上有立轴、可以旋转的木质圆盘）上，然后转动陶车，随着手法的屈伸收放，将不子塑造成瓷器的大致造型，比如碗、盘、碟、盅等器皿的形状。

利坯

即对坯体表面进行光滑处理的工序，就是将拉坯之后的坯体放到旋转着的陶车上，然后用刀削，去除坯体的粗糙表面，在削减坯体厚度的同时，也使得坯体的表面更加光滑。

战国　青瓷罐

阴干

即坯体脱水干燥的工序，就是将经过利坯工序的坯体放到阴凉处的木架上进行风干，以脱去坯体内含有的多余水分。

刻花

即对坯体进行美化的工序，就是用各种特制的雕刻工具，在坯体的表面刻出美丽的纹饰，以达到美化坯体的作用。

施釉

即将釉浆涂抹于坯体的表面，以使坯体的表面色彩绚烂，滑腻光洁。通常情况下，对于不同造型的瓷坯，会采用不同的施釉方法，比如，对于那些成型工艺比较复杂或形制比较大的器皿，例如瓶、壶、樽等，要用吹釉法，即将通气的竹筒用细密的纱布包裹起来，在蘸釉之后，用嘴吹竹筒的另一头，将纱布上的釉浆涂抹到坯体的内壁上。而对于成型工艺简单、造型比较普通的器皿，则多采用浸釉法，即将瓷坯直接放入釉浆之中，只要注意不要让釉浆流入瓷器内部就可以了。除了这些施釉方法之外，还有浇釉法、荡釉法等，也是比较常用的施釉方法。

战国　青瓷香熏炉

烧窑

即对瓷坯进行高温处理的工序。首先将施过釉的瓷坯放入匣钵（即在烧窑过程中对坯体起保护作用，并能使坯体均匀受热的匣状窑具）之中，然后再放入瓷窑之中进行煅烧。一般情况下，窑内的温度应该保持在1200℃以上，1300℃左右是最佳状态，经过大约一昼夜的煅烧就可以出窑了。

战国　兽面纹陶罐

釉上彩

即对于已经烧制成瓷的瓷器进行的上色工序，人们使用更加绚丽的釉浆，在瓷器的表面进行精细的描绘，以使瓷器更加绚丽缤纷、光彩夺目。

低温烧成

即将经过釉上彩工序的瓷器再次放入瓷窑之中，施以低温烘烧（窑温保持在700~800℃之间即可），以此来让釉浆凝固，并与瓷壁牢固地结合在一起。

战国　青瓷洗

瓷器的造型

从考古出土的各种瓷器来看，每件瓷器都具有各自独特的造型。综合来看，这些造型可以粗略地分为圆器和琢器两大类，其中琢器就是立体造型的瓷器，比如壶、樽、瓶等；而圆器就是指平面造型的瓷器，比如碗、盘、碟等。以下对比较常见的瓷器造型进行具体介绍。

圆器

◎ 瓷碗类

宫碗

即皇宫中用的瓷碗，这类瓷碗大多碗底较深，腹部直径较大，从碗口边缘向外平展，造型浑圆端庄，其中最具代表性的就是明代正德年间的“正德碗”。

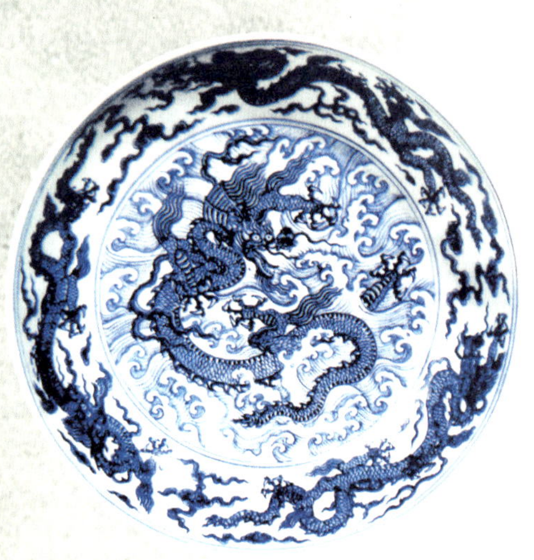

明代　青花瓷盘

注碗

这种碗主要用来温酒，温酒时，常常与注子一起配套使用，使用时，在注碗中倒入少量的热水，再将盛有酒的注子放入注碗中，以此达到温酒的目的。此类瓷器大多碗底较深，器壁深直，多为南方瓷窑生产。

宋代　耀州窑刻花碗

盏

盏也是瓷碗类的一种，只不过形制较小。此类瓷碗在我国古代是常见的茶具。在宋代，更是因为釉色的不同而分为白盏、黑盏、青盏等不同类别，其中最为珍贵的当属黑盏，它是“斗茶”活动中的最佳茶具之一。

盖碗

即带盖的瓷碗，是清代最为常见的茶具。此类瓷碗具有多种不同的造型，比如清代康熙年间的盖碗就有两种类型，其中的撇口折沿式，通常为圈足，器腹多下收，而敞口式则口径较大，盖子只能扣在碗口之内。这类瓷碗有粉彩、青花、珐琅彩等品种。

茶船

茶船因为形似船形而得名，主要用于放置盏，因此也属于茶具，其中最为著名的要属明清时期景德镇生产的粉彩、青花茶船。

明代　青花碗

明代　青花缠枝小碗

折腰碗

折腰碗也属于瓷碗的一种，这种造型比较特殊的瓷碗首创于五代十国时期，到了元代已经非常普遍。从造型上看，折腰碗大多圈足，敞口，并且碗的下腹部位多做硬折处理，故而得名。

净水碗

净水碗是明清时期非常常见的佛教供器，也是瓷碗的一种。该类瓷碗大多为侈口，圈足，下腹多宽圆，并且器壁上多题有施舍时间、祈求内容以及信士弟子名称等内容，以青花类最为常见。

卧足碗

卧足碗是明清时期比较常见的一种瓷碗，这类瓷碗大多腹浅，碗底向上拱起，并以碗底充当圈足，故而得名。

葵口碗

北宋之后比较常见的一种瓷碗，这类瓷碗因碗口酷似葵花而得名，但因时代的不同，造型也多有差异，比如北宋时期的葵口碗碗口多呈六瓣葵花状，腹部呈现为略微的弧形，多为小圈足，而清代的葵口碗多呈八瓣葵花状。

鸡心碗

明代中前期比较常见的一种瓷碗，因碗底凸出似鸡心状而得名，此类瓷碗大多具有较深的腹部，小圈足，以青花瓷居多。

明代　青花鸡心碗

宋代　耀州窑刻花斗笠碗

斗笠碗

宋代以后比较常见的一种瓷碗，因为该类瓷碗倒置时形状酷似斗笠而得名，这类瓷碗大多具有小圈足、广口、斜腹的特点。

玉璧底碗

唐代中后期比较常见的一种瓷碗，因为底足造型酷似玉璧而得名，这类瓷碗大多圈足宽大，主要品种是白瓷和青瓷。

高足碗

元、明、清时期比较常见的一种瓷碗，这类瓷碗形制较大，造型上与高足杯有诸多相似之处，品种多为卵白釉、青花、青釉、釉里红等。

孔明碗

又名“诸葛碗”，首创于宋代，明代最为常见。此类瓷碗是在瓷器烧制之前，将两只瓷碗坯相叠黏合在一起，并在底层的瓷碗底上钻出一个孔洞烧制而成，这样烧制出来的瓷器在两个碗底之间就会有一定的空间，在使用时能起到隔热的作用。

宋代　越州窑青瓷盘

明代　青花高足盘

◎ 瓷盘类

攒盘

清代中前期比较常见的一类瓷盘，这类瓷盘主要是用来盛放干鲜果品的，品种多样，最为常见的是五彩器和素三彩，式样也有六方形、八方形、圆形、牡丹形、梅花形等不同类别。该类瓷器在使用时，为了盛放不同种类的果品，多将不同品种的攒盘组合成一个大盘使用。

高足盘

首创于隋代，明清时期比较常见的异类瓷盘，该类瓷盘多为洗口，具有平坦的盘心，而在盘心之下具有很高的喇叭状的高足，品种多为青釉、青花和釉上彩。

折沿盘

元代比较常见的一种瓷盘，多为圈足，折沿，砂底，品种以青花、黑釉彩绘最为常见。

明代　青花缠枝莲纹棱口盘

◎ 瓷洗类

有双鱼洗、花口洗、叶式洗、桃武洗、鼓钉洗等。

琢器

◎ 瓷杯类

羽觞

又名“耳杯”，东汉至南北朝时期比较常见的一种瓷杯，此类瓷杯多为椭圆形造型，平底，浅腹，并在杯体两侧有相互对称的两个小耳，品种多为青瓷、绿釉陶等。

三秋杯

明代比较常见的一类瓷杯，因形体上多用蝴蝶、草和秋菊的组合图案而得名，此类瓷杯大多为敞口，斜腹，圈足。杯体上的图案多用青花色勾勒，色彩缤纷，画面淡雅。

压手杯

明代中前期比较常见的一种瓷杯，因为把它握在手里的时候，杯口常常与手缘相合而得名，此类瓷杯大多具有向外平展的杯口，较为竖直的腹壁，并且从腹部以下开始向内收缩，圈足。其中，最为著名的当属明代永乐年间的青花缠枝莲纹压手杯。

霁蓝釉高足杯

年代 清代
规格 高 14 厘米
口径 7 厘米

爵杯

明清时期比较常见的一种瓷杯，造型大多模仿青铜爵，杯口向外撇，在口沿的两侧多有对称的立柱，腹部浑圆而深，底部多用三足支撑，品种大多为青花、蓝釉、白釉和粉彩等。

高足杯

明清时期比较常见的一种瓷杯，此类瓷杯大多杯身较小，下腹丰满并具有高足，故而得名，品种有斗彩、青花等。

高士杯

一种比较常见的饮酒用瓷器，因器壁上多绘有文人行乐的图案而得名，此类瓷杯大多具有较为竖直的杯壁，浅圈足。

鸡缸杯

明清时期比较常见的一种瓷杯，因器壁上多绘有雌鸡、雄鸡和雏鸡，并多以兰草、山石、牡丹等相衬而得名，此类瓷杯大多呈浅腹、敞口、卧足的造型。

梅花杯

明代德化窑独创瓷器，因器壁上多有突起的梅花状图案而得名，造型多样，多为椭圆形和八角形。

琮式杯

首创于宋代，明清时期比较常见的异类瓷杯，造型大多模仿上古玉器——玉琮，方身，圈足，圆口，故而得名。

宋代　耀州窑龙首公道杯

明代　青花瓷扁瓶

◎ 瓷瓶类

宝月瓶

又名“抱月瓶”，明代中前期、清代中前期比较常见的一种瓷瓶，因瓶腹浑圆酷似圆月而得名。此类瓷瓶多为小口，直颈，颈的两侧多有对称的双耳，品种以青花瓷最为常见。

葫芦瓶

首创于宋代，明代比较常见的一种瓷瓶，因造型酷似葫芦，并且在器壁上多书有“大吉”二字而得名。此类瓷瓶大多作为陈设品使用，造型多样，有上圆下方形、八方形、长腹形、扁腹形等。

蒜头瓶

首创于宋代，明清时期最为常见的一种瓷瓶，因瓶口酷似蒜头而得名。该类瓷瓶多为圈足、圆腹、削肩、长颈，而瓶口因为时代的不同多在造型上有变化，比如宋代蒜头瓶的瓶口多酷似蒜头；而到了明代，蒜头瓶的瓶口已经趋于简化；到了清代，瓶口已经不再呈现出蒜头的形状。此类瓷器品种多样，最为常见的有五彩、粉彩、青花、珐琅彩、酱釉、蓝釉等。

胆式瓶

首创于南宋，明清时期比较常见的一类瓷瓶，因整体造型酷似苦胆而得名，此类瓷瓶大多直口，削肩，长颈，腹部丰满而下垂，形式多样，有上圆下方、八方、六方、四方等多种式样，品种也是丰富多彩，其中最为常见的品种有五彩、青花、黄釉、白釉等。

玉壶春瓶

首创于宋代，以后历代均有烧制的一种瓷瓶，因诗句“玉壶先春”而得名，此类瓷瓶大多带有撇口，细颈，杏圆状腹部和已经较大的圈足，品种以粉彩、青花、斗彩、五彩、釉里红居多。

明代　青花海浪白龙纹扁瓶

罐瓶

又名“轿瓶”“挂瓶”，明代中后期比较常见的一种瓷瓶，此类瓷瓶常常一面呈普通的瓶状，另一面则呈平面状，以便于悬挂在墙壁上。造型多样，比较常见的有半圆式、葫芦式、莲花口式、瓜棱式等，器壁上多绘有高士、八仙、斗鸡、芦雁、松竹梅等图案。

天球瓶

明清时期比较常见的一种瓷瓶，因腹部浑圆，好像从天上掉下来的圆球一样而得名，此类瓷瓶多有假圈足，丰肩，直颈，小口。最为常见的品种有釉里红、粉彩、五彩、斗彩等。

明代　青花南瓜瓶

宋代　耀州窑梅瓶

梅瓶

首创于宋代，以后历代均有烧制，此类瓷瓶因为时代的不同而在造型上多有变化，比如元代的梅瓶大多瓶体修长，小口，而明清时期的梅瓶大多丰硕肥矮。

象腿瓶

又名“一统瓶”，因造型酷似象腿而得名，清代中前期比较常见的一类瓷瓶，此类瓷瓶大多平底，短颈，光口外撇。品种以五彩和青花最为常见。

汉代　划花龙纹盘口瓶

灯笼瓶

清代中期比较常见的一种瓷瓶，因造型酷似灯笼而得名，此类瓷瓶大多圈足，筒腹，丰肩，短颈，直口，造型优美。

双联瓶

清代极为常见的一种瓷瓶，因用两瓶相叠黏合在一起烧制而成而得名，造型多模仿新石器时代的双联壶，其中最为著名的当属乾隆年间的合欢瓶。

凤尾瓶

又名“凤尾尊”，因造型酷似凤尾而得名。清代中前期比较常见的一种瓷瓶，该类瓷瓶的瓶口多呈喇叭状，还多有长颈，鼓腹状，品种以五彩、青花最为常见。

油锤瓶

清代比较常见的一种瓷瓶，因造型酷似榨油作坊里的油锤而得名，该类瓷瓶大多为圈足、圆腹、细颈、小口，最为常见的品种有颜色釉和青花等。

瓜棱瓶

宋辽时期比较常见的一种瓷瓶，此类瓷瓶最为显著的特点就是由凹凸不平的弧线将瓶体分成均匀的瓜棱形。除此之外，此类瓷瓶大多还具有外撇花瓣式的圈足、直颈和撇口。

矾红狮子纹瓶

年代　民国时期
规格　高 26 厘米

橄榄瓶

首创于宋代，以后历代皆有烧制的一种瓷瓶，因造型酷似橄榄而得名，此类瓷瓶大多具有短颈、鼓腹及外撇的瓶口和圈足，样式优美。

洗口瓶

宋代比较常见的异类瓷瓶，因瓶口酷似钱洗而得名，此类瓷瓶具有两种差异明显的造型，一种为筒式腹、折肩、直颈、洗口，另一种为圈足、扁圆腹、长颈、洗口。

棒槌瓶

清代中前期比较常见的一种瓷瓶，此类瓷瓶大多具有圈足、丰肩、直颈、盘口，但因为时代的不同也多有差异，如果细分起来，棒槌瓶又可以分为硬棒槌瓶、软棒槌瓶和方棒槌瓶三种。其中硬棒槌瓶又名“圆棒槌瓶”，是指清代康熙年间烧制的棒槌瓶，此类瓷瓶大多具有圆折肩、短直颈、盘口、粗腹，品种以五彩、青花等居多。软棒槌瓶特指清代雍正年间烧制的棒槌瓶，这类瓷瓶大多具有溜肩、束颈、直筒形腹、尖足，品种以三彩和青花居多。而方棒槌瓶则多为平肩、短颈、撇口及方形圈足，青花和三彩为最常见的品种。

活环瓶

清代到民国时期比较常见的异类瓷瓶，因瓷瓶的双耳上套有活动的瓷环而得名，此类瓷瓶大多撇口、平底和高圈足。

柳叶瓶

又名“柳叶尊”，因造型酷似柳叶而得名，清代比较常见的一种瓷瓶，此类瓷瓶多为短颈、撇口、丰肩、内凹足。其中最为珍贵的是清代康熙年间的豇豆釉柳叶瓶。

汉代　绿釉瓶

元代　青花釉底红双耳瓶

藏草瓶

又名“甘露瓶”“净瓶”，明清时期比较常见的一种瓷瓶，造型上带有浓郁的西藏风格，大多形制较小，直颈、鼓腹、喇叭足，造型独特。

赏瓶

又名“玉堂春瓶”，清代比较常见的一种瓷瓶，此类瓷瓶大多为圈足、圆腹、长颈、撇口，器体上多有青花缠枝莲做装饰，是清代专用于皇帝赏赐臣下的一种宫廷用器。

菊瓣瓶

清代中前期比较常见的一种瓷瓶，此类瓷瓶多为浅窄圈足，长圆腹，长颈，撇口，并且在器体上多有菊花瓣纹饰，品种多样，以冬青釉、豇豆红釉和天蓝釉最为常见。

清代　青花釉里红小瓶（一对）

转心瓶

清代中前期比较常见的一种瓷瓶，首创于乾隆年间，是将一个可以转动的内瓶套装在一个镂孔瓶之中烧制而成的瓷器，这样通过转动内瓶，就可以通过外瓶的孔洞看到内瓶外壁上绘制的图案。

包袱瓶

又名“布袋瓶”，清代比较常见的一种瓷瓶，此类瓷瓶的瓶体上多有凸出的包袱巾或束带纹饰，故而得名，造型优美，是清代最为常见的宫廷用器。

贯耳瓶

宋代比较常见的一种瓷瓶，造型上模仿汉代的投壶，大多为圈足、扁圆腹、长直颈，颈上还有相互对称的管状贯耳。

倭角瓶

明清时期比较常见的一种瓷瓶，此类瓷瓶大多为斜腹，外撇圈足，撇口，颈上贴有相互对称的双耳，造型独特。

弦纹瓶

又名“起弦瓶”，宋代比较常见的一种瓷瓶，造型丰富，因瓶体上有一道道凸起的弦纹而得名。

◎ 瓷壶类

唾壶

又名“唾盂”“渣斗”，是古代贵族饮宴时唾弃兽骨或鱼骨时的盛器。从东汉末年到明清时期，均有烧制，其造型也因为时代的变化而多有改变，比如三国时期的唾壶多为高圈足、扁腹、撇口；唐代的唾壶则多为平底或假圈足、圆腹、盘口；到了宋代，唾壶最显著的特征就是口径巨大，甚至大过了瓷器的腹部。

虎子

即夜壶，因造型酷似伏虎而得名，此壶早在新石器时代就有烧制，而在魏晋南北朝时期最为流行。

盘口壶

东汉到唐代比较常见的一种瓷壶，此类瓷壶多为盘口、鼓腹、平底，并且随着时间的变化，其盘口逐渐增大，壶颈也逐渐加长，鼓腹也逐渐发展成椭圆状。

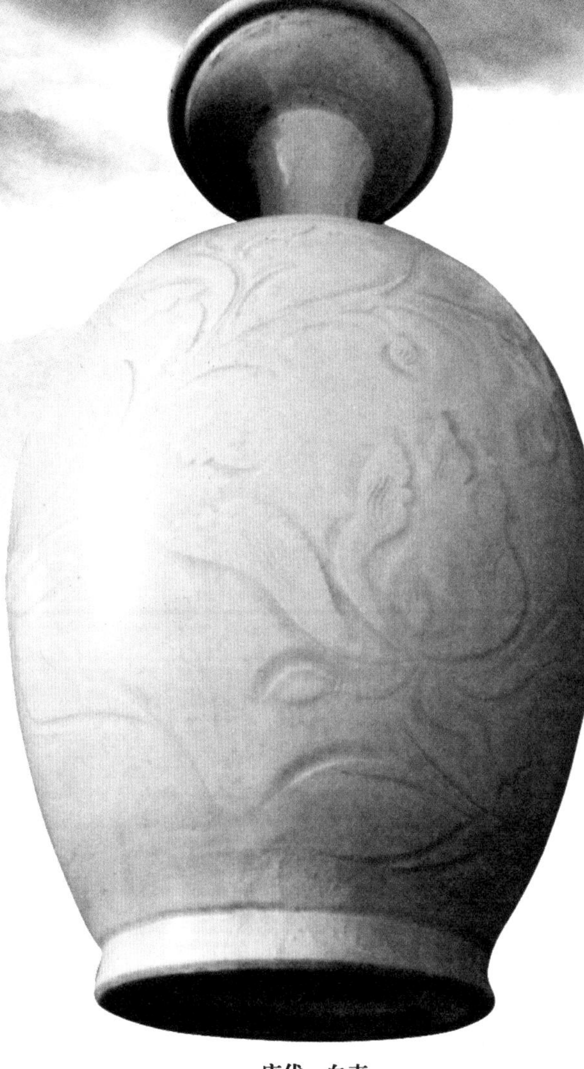

唐代　白壶

鸡冠壶

辽代比较常见的一种瓷壶，因壶顶酷似鸡冠而得名。此类瓷壶大多呈扁体，顶部有管式短流，腹部丰满，带有浓厚的契丹文化色彩，品种以绿釉、黄釉和白釉居多。

鸡头壶

又名“天鸡壶”，首创于三国时期，两晋至唐代初年最为流行，最为常见的品种有黑釉和青釉。

汉代　青瓷鸟纹壶

汉代　彩绘海水龙纹陶壶

皮囊壶

辽代最为常见的一种瓷壶，造型主要模仿契丹人装水的皮囊，大多为扁体，直身，短流，下部丰硕，两侧有孔洞，以便系绳，绿釉和白釉是最为常见的品种。

凤头壶

唐代比较常见的一种瓷壶，因壶口酷似凤首而得名，此类瓷壶多具有凤首形壶盖、束颈、微硕的腹部及喇叭状高足。品种以青釉、白釉和三彩居多。

汉代　绿釉陶壶

提梁壶

首创于北宋，明代最为兴盛的一种瓷壶，因肩部有提梁而得名。此类瓷壶多具有内敛小口、丰肩、鼓腹、平底的特点，壶体多呈六棱形、球形或瓜形，品种主要有青花、青釉、粉彩等。

穿带壶

首创于唐代，以后历代均有烧制。此类瓷壶多为小口、短颈、椭圆形腹部，并且在器体的两侧有相互对称的长方形穿孔，品种多为红釉、青釉和白釉。

僧帽壶

首创于元代，明清时期最为流行，因壶口酷似僧帽而得名。此类瓷壶多为上桥形口沿、短颈、鼓腹、圈足，品种以红釉和白釉居多，造型优美，比例匀称。

背壶

又名“穿带壶”，因壶体两侧有穿带用的系或沟槽而得名。此瓷壶早在新石器时代就有烧制，宋辽时期最为流行，多为小口、短颈，品种多样，最为常见的有黑釉、黄釉、青釉、白釉等。

贲巴壶

清代乾隆时期首创的一种瓷壶。此类瓷壶大多具有喇叭状圈足、球形腹、细束颈、盘口，是清代乾隆之后最为常见的宫廷用器。

汉代　绿釉跑兽瓶

五代十国　邢窑执壶

梨壶

首创于元代，明清时期最为流行的一种瓷壶，因造型酷似梨而得名。此类瓷壶多为矮圈足、曲柄、弯流、圆腹、短颈，造型优美，线条流畅。

带系扁壶

首创于东汉时期，以后历代均有烧制，造型主要模仿上古时期的青铜器。此类瓷壶大多壶身扁平，并在肩部有系，因为流传时间很长，所以造型风格多有不同。

执壶

又名“注子”“注壶”，首创于隋代，以后历代均有烧制。此类瓷器不仅数量众多，而且种类丰富，因为流行时间长久，所以随着时代的变化具有不同的风格特征。

鱼形壶

即壶体酷似鱼形的瓷壶。唐宋时期比较常见的一种瓷壶，因时代的不同而在造型上多有变化，比如唐代的鱼形壶多为鱼身直立型，而辽代的鱼形壶则多为鱼身横卧型，品种以白釉和三彩居多。

茄式壶

清代中前期比较常见的一种瓷壶。此类瓷壶多为小口、细长颈、扁圆形腹，器体上多用三彩锦纹图案做装饰。

◎ 瓷尊类

戟尊

首创于北宋时期，明清时期最为流行，造型多模仿上古青铜器。此类瓷尊多为敞口、粗颈、鼓腹及略微外撇的圈足，且多作为宫廷陈设品使用。

无挡尊

此类瓷尊是明代从波斯流入中原的，因而造型风格带有明显的异域风情，此类瓷尊多为圆口，筒状器身，酷似玉璧的底，且器体上多有阿拉伯文装饰。

交泰尊

此类瓷器是清代乾隆年间景德镇御窑厂督陶官唐英为给乾隆皇帝上供而刻意制作的。这种瓷尊多为如意头形。

鱼篓尊

明清时期比较常见的一种瓷尊，因造型酷似鱼篓而得名。此类瓷尊多为大口、短颈、圆腹、圆底，造型生动逼真，品种以豆青釉居多。

石榴尊

首创于明代中期，流行于清代的一种瓷尊，因外卷的口部酷似张开的石榴而得名。此类瓷尊多为卷口、短颈、圆腹，有略微外撇的圈足，造型优美。

宋代　汝窑天青釉弦纹樽

五代十国　越窑莲花尊

清代　茶叶末釉尊

太白尊

又名“太白坛”“鸡罩尊”，清代比较常见的一种瓷尊。此类瓷尊多为略微外撇的小口，短颈、溜肩、半球形的腹部以及平底，品种以豇豆红釉最为著名。

马蹄尊

又名“马蹄水盂”，清代比较常见的一种瓷尊，因造型酷似马蹄而得名，此类瓷尊多为广口、溜肩、斜腹、浅圈足、平底。

莱菔尊

又名“萝卜尊”，清代康熙年间的特有瓷器，因造型酷似萝卜而得名。此类瓷尊多为外撇小口、细长颈、丰肩、下敛长腹、假圈足、内凹底。

苹果尊

清代康熙年间独有瓷器，因造型酷似苹果而得名。此类瓷尊造型独特，多为果蒂形器口、圆腹，品种以青花、天蓝釉、釉里红和窑变釉居多。

牛头尊

明清时期比较常见的一种瓷尊，因造型酷似牛头而得名。此类瓷尊多为大口、垂腹、圈足，并且肩部两侧多有相互对称的戟耳、兽头耳或蟠螭耳，以青花为最常见的品种。

百鹿尊

又名“百禄尊”，因器体上多绘有百鹿图而得名，清代比较常见的瓷尊之一。此类瓷尊在造型上与牛头尊有诸多相似之处，多为大口、短颈、垂腹、圈足，肩部两侧多有相互对称的

清代　青花山水凤尾尊

清代　青花凤尾尊

兽头耳，品种以彩瓷居多。

观音尊

又名“观音瓶”，清代比较常见的瓷尊之一，因造型酷似观音所持净瓶而得名。此类瓷器多为侈口、长束颈、丰肩，青花五彩为最常见的品种。

洛子尊

又名“网络尊”，清代中前期比较常见的瓷尊之一，因腹部多有凸起的网状纹饰而得名。此类瓷尊多为侈口、短颈、圆腹、假圈足，造型独特。

如意尊

清代中前期比较常见的一种瓷尊。此类瓷尊因肩部多有如意形双耳而得名，且多呈钵式，细颈，具有浑圆的腹部，器体上多有凸起的弦纹。

琵琶尊

清代比较常见的一种瓷尊，因造型酷似琵琶而得名。此类瓷尊多为侈口、束颈、弧腹，有二层台式的圈足。有些琵琶尊的肩部还有相互对称的兽面双耳。

摇铃尊

清代比较常见的一种瓷尊，因造型酷似长柄铜铃而得名。此类瓷尊多为小口、细长颈、丰肩、筒式腹或弧形腹、浅圈足。青花和釉里红是最为常见的品种。

双陆尊

清代中前期比较常见的一种瓷尊，其造型多模仿双陆棋。此类瓷尊多为陈设用器。

◎ 瓷罐类

天字罐

明代中后期比较常见的异类瓷罐，因底部常刻有“天”字而得名。此类瓷罐多为直口、短颈、丰肩、圆腹、圈足，器体上多有水龙纹、海马纹、缠枝莲纹等纹饰。

日月罐

又名“月牙耳罐”，此类瓷罐多为直口、短颈、削肩或溜肩、浅圈足，并且肩部多有对称的半圆形装饰物。品种以冬青釉和红釉居多。

将军罐

明清时期最为常见的佛教僧侣用来盛放骨灰的瓷器，因罐盖酷似将军头盔而得名。此类瓷器多为直口、短颈、丰肩、敛腹，品种多为五彩和青花。

西瓜罐

又名“西瓜坛”“一颗珠罐”，明代比较流行的一种瓷罐，因造型酷似西瓜而得名，此类瓷罐多为平盖、敛口、圆腹，并随时代的发展而多有变化。

红釉罐

年代 民国时期
规格 高 34 厘米
底径 13 厘米

宋代 耀州窑刻花围棋罐

汉代 青瓷罐

汉代　绿釉盘口罐

鸡心罐

金元时期比较流行的一种瓷罐，因造型酷似鸡心而得名。此类瓷罐多为小口、鼓腹，造型优美。

鼓罐

清代比较流行的一种瓷罐，因造型酷似鼓而得名。此类瓷罐一般无盖，并且罐身上有一圈凸起的鼓钉和一对铺首，造型独特。

冬瓜罐

明清时期比较常见的异类瓷罐，因造型酷似冬瓜而得名。此类瓷罐多为敛口、丰肩、长圆腹、假圈足。

壮罐

明清时期比较常见的异类瓷罐，是帽筒的鼻祖。此类瓷罐多为直口、折肩、敛腹，而且器身笔直，粗细一致，造型独特。

◎ 瓷洗类

桃武洗

又名“鼓式洗”，首创于宋代，明清时期最为常见的瓷器之一，因洗身上多有凸起的鼓钉装饰而得名。此类瓷洗多为唇口、圆腹、平底、云朵形圈足，且瓷器底部多有支烧痕，并刻有表示事物形制的数字。

叶式洗

首创于宋代，清代比较常见的瓷器之一，因造型酷似秋叶而得名。此类瓷洗多为外撇曲线形洗口、下收形浅腹及椭圆形圈足。

双鱼洗

宋元时期比较常见的瓷器之一，因洗心多有凸出的双鱼状纹饰而得名。此类瓷洗多为板沿口、浅腹、圈足，造型独特。

花口洗

又名“菱花洗”“海棠洗”“葵式洗”，首创于宋代，以后历代均有烧制。此类瓷洗的器壁多向内斜，并且洗口多呈起伏的花瓣状，腹部多有凹凸不平的棱线。

清代　富贵平安瓶

瓷器的釉彩

瓷器的釉料

釉是一种用石英、长石、高岭土、滑石等矿物原料与化工原料按照一定比例配制而成的玻璃质料，一般是在瓷坯烧制之前，用喷、浇、浸等方法施于坯体表面，再经过高温窑烧，最终使其与坯体紧密结合在一起。釉对于瓷器来说，不仅可以减少液体、空气等对瓷坯体的侵蚀，还能使瓷器的表面光滑美观。釉的种类丰富多样，按照不同的标准，可以有不同的分类方法。如果按照釉色分的话，釉可以分成颜色釉和无色透明釉，其中无色透明釉就是白色釉，使用这种釉的瓷器，能够很清楚地显现其瓷胎的基本颜色；而颜色釉可以分为单色釉和杂色釉，单色釉又可以分为红釉、青

粉彩龙凤呈祥盘

年代　民国时期
规格　口径 25 厘米

釉、黄釉、蓝釉、黑釉和酱紫釉等。如果按照釉料的烧成温度来分类的话，釉可以分为低温釉和高温釉两种，其中低温釉又可以分为绿釉、黄釉、矾红等，这类釉是指瓷器经过窑烧之后，再在其表面施加的釉，为使釉料凝固而将瓷器再次放入瓷窑中烧制，这时候的窑温只要 700 ～ 900℃就可以了。高温釉有天蓝、月白、霁蓝、霁红、青瓷等种类，这种釉是在瓷坯还未经过窑烧时就施加于坯体上的釉。这种釉料要经过 1200℃以上的高温窑烧才能与瓷胎很好地结合在一起。

瓷器

釉料的种类

◎ 松绿釉

又名秋葵绿，首创于清代中前期，该种釉彩常常是在淡黄之中泛起轻微的绿色，与绿松石的颜色非常相似，故又名“松石绿”。

◎ 瓜皮绿釉

瓜皮绿釉首创于明代前中期，是一种典型的低温绿釉，这种釉料因为含有较多的铜而呈现出西瓜皮一样的绿色，现今出土的瓜皮绿釉瓷器多是清代康熙年间的官窑生产的，品种多样，并且器壁上多刻有暗龙纹饰。

◎ 浇黄釉

浇黄釉是明代中后期出现的稀有品种，用这种釉料制成的瓷器大多色调均匀纯正，釉面平整光滑，就好像瓷器表面覆盖了一层鸡油，娇艳欲滴，格调高雅。

清代　绿釉四方笔洗

清代　黄釉暗刻莲花碗

清代　绿地粉彩莲纹花口碗

◎ 绞胎釉

绞胎釉有一层釉色，一层胎泥，其制作方法就是先将黏土压制成泥片，再将多层泥片叠次相压，之后卷成柱状，再取其断面，制作成瓷器。这样制成的瓷器大多具有类似树木年轮的纹饰，极具天然之美。

◎ 蓝釉

蓝釉分低温色釉和高温色釉两类。低温蓝釉出现较早，用于彩釉陶，如唐代蓝釉和清代孔雀蓝都是典型的低温蓝釉，色泽华丽。元明清三代的蓝釉大多是高温蓝釉，创烧于元代景德镇窑，以氧化钴为着色剂，经高温烧成的称为蓝釉，又名“高温钴蓝釉”，明清时期称“霁青”或“霁蓝”。

清代　霁蓝釉凤尾尊

清代　乾隆青花山水纹罐

◎ 洒蓝釉

洒蓝釉以钴为着色剂，经高温烧成后，浅蓝色打底的釉面上呈现出深蓝色水迹般的点子，所以叫洒蓝，又称雪花蓝、鱼子蓝。这种釉最早出现于明朝宣德年间，但那时的洒蓝釉还不精细，产量也少，直到清康熙时才发展成熟。雪花蓝也是洒蓝，但与一般的洒蓝有细微差别。它始创于明宣德年间，是清康熙吹青品种的前身。制作雪花蓝时，在烧成的白釉器上，用竹管蘸蓝釉料吹于器表，形成深浅不同、厚薄不均的斑片，再经第二次煅烧，出炉后白釉点缀于蓝釉之间，仿佛飘落的雪花，故得名“雪花蓝”。

◎ 青釉

中国最早使用的青釉是草木灰釉，釉中已含有高温釉所需的一切化学元素，比如铁。由于原料加工、烧成工艺等原因，我国早期青瓷呈现为黄色、青黄色、青色、青灰等多种色调。青瓷在东汉时期就在浙江上虞地区烧成，不过当时没有定名“青瓷”，晋人因其瓷色与当时一种淡青色的丝织物“缥帛”相似而称之为“缥瓷”。唐代时，今浙江上虞和上林湖地区属越州，所产青瓷闻名天下，唐代陆羽《茶经》里有“越州瓷皆青，青则益茶”，从此定名“越窑青瓷”。此后，青釉的窑口不断扩大，不断有新釉出现，如天青、粉青、东青、豆青、翠青、虾青、水青、梅子青等，展现出了青釉强大的生命力。

清代　开光人物粉彩将军瓶

◎ 白釉

白釉和青瓷一样，着色剂都是铁离子，但要把原料中铁元素的含量控制在1%以下，而且烧成环境必须是较强的还原气氛。白釉本身是无色透明的釉层，显示白色是白色瓷胎或化妆土的颜色所致。这是白釉与其他颜色釉的不同之处。另外，白釉中有白乳油釉，覆盖坯胎的能力要强一些。白釉瓷在北朝后期开始出现，但工艺成熟是在隋代，有河南张盛墓、西安李静训墓等墓中出土的白釉瓷为佐证。1982年在河北内丘与临城交界处的贾村发现的隋代白釉瓷窑址，证明隋代白釉瓷的生产技术已完全成熟。

◎ 青白釉

青白釉为景德镇窑在北宋前中期独创的品种，釉色介于青釉和白釉之间，呈青中有白、白中显青之色，加上胎质洁白细腻，使釉色具有青白玉的效果。随着明代五彩瓷器的出现，以及青花瓷和各种颜色釉瓷的长足发展，青白瓷的生产越来越少，只供少数人猎奇赏玩。“青白”之名渐不见载录，慢慢被人们淡忘，到晚清时已改称“影青”“影青瓷”“映青瓷”“隐青瓷”等。

◎ 卵白釉

卵白釉是元代景德镇在生产青白瓷的基础上烧造的一种新釉瓷，釉呈失透状，釉层致密，色白微青，光润明净，似鹅蛋色泽，故名“卵白釉”。因卵白釉瓷器底上常署有“枢府”字样，被后人定名“枢府窑瓷”“枢府瓷”或“枢府釉”。

清代　墨地金彩人物瓶

◎ 象牙白釉

象牙白釉即明清德化窑的纯白釉。因釉中三氧化二铁含量特别低，且氧化钾的含量不是特别高，再加上烧成时采用中性气氛，所以釉色特别纯净。从外观上看，色泽纯正、光润明亮、乳白如凝脂；在光照之下，釉中隐现粉红或乳白，因此有猪油白、象牙白之称，欧洲人又称这种釉色为“鹅绒白”“中国白”。

清代　掐丝珐琅牡丹纹出戈矛尊

◎ 甜白釉

为明代永乐窑创烧的一种洁白的釉色，可填彩，故又叫“填白釉”。即在胎壁极薄的胎体上，施不含铁或含铁量极低的透明釉，高温煅烧出很白的釉色，由于胎体很薄，使得这种高白度的釉格外莹润，给人以一种“甜”的感受，《景德镇陶录》释为甜净之意，故名“甜白”。其中以薄胎暗花者最珍贵。甜白釉瓷器以碗、盘、小壶、高足杯、梅瓶最为多见，除此还有双耳瓶、玉壶春瓶等。景德镇甜白釉的烧制成功，为明代彩瓷的发展创造了有利条件。

◎ 月白釉

钧窑釉色之一，较钧窑天青更淡的蓝色，釉层厚而不透明，以铁的化合物为着色剂。

◎ 豆青釉

青釉派生釉色之一，起源于宋代，豆青和东青原属一类，以后才各具特色。明以前近黄色，至清代近绿色。其釉色为青中泛黄，釉面光泽比粉青、梅子青弱。明代豆青色釉烧制水平趋于平稳，基本色调仍以青中闪黄为主，而青色比以前淡雅。清代豆青釉淡雅柔和，色浅者淡若湖水，色深者绿中泛黄，釉面凝厚。清代烧造豆青釉的同时，还在釉上施以各种色彩入窑二次烧造，淡雅的釉色衬托下的色彩，更加艳丽妩媚。

◎ 冬青釉

冬青釉又称东青釉，相传是北宋时期东京（河南开封）民窑烧制的一种色如碧玉的青釉。清雍正时期景德镇御窑厂仿烧的东青釉十分成功，乾隆时期传承了这种技术，并且添加了许多装饰技法，如东青釉描金、冬青釉粉彩等。

粉彩盖碗

年代 清代
规格 高10厘米
口径10厘米

清代　粉青釉暗花交泰瓶

◎ 粉青釉

首创于南宋龙泉窑，呈粉润的青绿色，如半透明的青玉，风行一时。粉青釉是石灰碱釉的一种，在生胎上挂釉，釉层较厚，以铁为呈色剂并含有少量的锰和钛，用1180~1230℃的高温还原焰烧成。

◎ 梅子青釉

始创于南宋时的龙泉窑，其色泽可与翡翠媲美，又恰似青梅色，故名梅子青釉。梅子青釉的烧成温度比粉青釉高，是在还原焰气氛中生成的一种石灰碱釉，以铁为主要呈色剂，釉面光泽较强。梅子青为南宋龙泉窑最为经典、稀有的釉质。

◎ 天青釉

从五代起，就有天青釉。据说五代时，官吏向周柴世宗请示烧造御用瓷器的造型和釉色，柴世宗回答："雨过天青云破处，这般颜色作将来。"于是便有了柴窑和"雨过天青釉"的传说。由于柴窑至今还是个悬案，所以天青釉的来历就有问题。另外，钧窑、汝窑以及景德镇窑都能烧造天青色的釉瓷，这些天青釉的色调深浅不同，但基本色调比较稳定，多数釉面无光泽。所以在清代以前，"天青釉"并不是只有一种，而是有多种，大多数属青釉系列。清代康熙官窑创烧一种天青釉，略带蓝色，釉薄而坚，莹润光洁，无开片；民窑所烧的天青釉青色较深，釉层较厚。雍正时天青釉的颜色越发幽淡隽永，引人入胜，是瓷中珍品。

清代　红绿釉画缸

◎ 红釉

按性质来说，红釉主要包括铜红釉和铁红釉两大类。其出现可以追溯到北宋初年，但纯正稳定的红釉是明代初期创烧的以铜为呈色剂的鲜红色，为高温釉。到嘉靖时，又创烧了以铁为呈色剂的矾红，为低温釉。除鲜红外，颜色由浓淡而演变为各种不同的品种，深者有宝石红、朱红、抹红等。抹红带黄色的叫“杏子衫”，微黄的又叫“珊瑚釉”，此外还有橘红和枣红。淡的一般称粉红，最艳丽的被称为“美人醉”，带灰色的叫“豇豆红”，灰而暗的叫“乳鼠皮”，“胭脂红”也是粉红的一种。

霁红釉苹果尊

年代　清代
规格　口径8厘米
高9厘米
底9厘米

清代　粉彩鱼纹盘

清代　郎窑草米黄瓷瓶

清代　郎窑亮釉瓷瓶

◎ 铜红釉

铜红釉是我国颜色釉中的名贵品种，出现于唐代，宋代大量生产，而以明代永乐、宣德年间的鲜红釉最为著名。其主要品种有钧红、宝石红、郎窑红、豇豆红等。鲜红釉以氧化铜为着色元素，因具有鲜艳的红色而得名。

◎ 钧红釉

宋代的钧窑用铜的氧化物为着色剂，在还原气氛中烧成的铜红釉，称为钧红。钧红是最早的红釉，当时的釉料配置不够精细、准确，除了铜以外，还混杂着其他金属氧化物，因此钧红釉具有红里泛紫的色调，近乎玫瑰花、海棠花的紫红色，所以又称为“玫瑰紫”和“海棠红”。钧红釉的创制，为陶瓷的装饰工艺开辟了一个新的境界，明代的宝石红、霁红，清代的郎窑红、桃花片及一些窑变釉的出现，都与钧红釉有关。

◎ 宝石红釉

宝石红始创于明宣德景德镇窑，因釉色中闪烁红宝石一样的色泽而得名，也被称为“祭红”“霁红”“积红”“醉红”“鸡血红”“牛血红”等。它是一种纯粹的深红釉，特点是釉汁凝厚，釉面密布细小的棕眼。

◎ 郎窑红釉

郎窑红创始于清代，釉色鲜艳夺目，釉面有大片裂纹，并有不规则的牛毛纹，瓷器以大件瓶、尊为主。

◎ 豇豆红釉

豇豆红是一种呈色多变的高温颜色釉，是清康熙时创制的铜红釉，是红釉中的名贵品种。釉色浅红，釉面多绿苔点。这种绿色苔点本是烧成工艺上的缺陷，但在浑然一体的淡红中，掺杂点点绿斑，反而显得幽雅清淡，柔和悦目，给人美感，引人遐思。由于铜在各部分的密度不同，烧成后呈色各异：有的在匀净的粉红色中泛着深红斑点或红点密集成片；有的则在浅红色中映现而透出绿斑或色晕，因此有"绿如春水初生日，红似朝霞欲上时"的美誉。

清代　豇豆红洗

清代　豇豆红太白尊

◎ 铁红釉

铁红釉是一种由朱红到深红色的铁结晶釉，亦称铁红花釉或朱斑釉，俗称“红橘釉”。铁红釉的主要品种有抹红、珊瑚红、胭脂水等。

◎ 矾红釉

矾红是以氧化铁为着色元素的低温红釉，虽没有铜红釉艳丽，但呈色稳定，同时也作为红彩广泛应用在五彩、斗彩瓷器上。矾红釉创于明嘉靖年间，色泽往往带有一种如橙子般的红色。到清康熙时，矾红有了很大的进步，色泽鲜艳，华丽凝重。矾红釉的施釉方法有抹、吹、拍、拓等几种，依据呈色和施釉工艺的差别，通常可分为抹红与珊瑚红两类。

◎ 珊瑚红釉

珊瑚红因釉色美似天然珊瑚之色而得名。始于康熙，盛于雍乾两朝。将红釉吹在白釉之上，烧成后釉色均匀光润。

◎ 抹红釉

为矾红釉的一种，属低温红釉。创于明代，清代康熙时成就突出。它不采用吹釉法上釉，而是刷抹釉，故名。“抹红”釉层不均匀，并有刷痕，但色泽清丽温润。

◎ 胭脂水釉

也叫胭脂红或胭脂彩，其色粉红如桃，很像古代美人涂抹于腮的胭脂，因此得名。其呈色剂为金，始烧于康熙朝，雍乾两朝颇为盛行。胭脂水釉瓷器的胎骨一般采用上等薄胎白瓷，里釉极白，因外釉所照，映现出极其美丽的淡粉红色。

◎ 黄釉

传统的黄釉有两种：一种是以三价铁离子着色的石灰釉，属高温釉；另一种是以含铁的天然矿物为着色剂，基础釉是铅釉，属低温黄釉。黄釉最早出现于唐代，当时安徽淮南寿州窑、河南密县窑等都烧黄釉。但正色黄釉特指宋代汝窑的高温黄釉——茶叶末釉。明清两代的黄釉都是以铁为着色剂的铁黄，用氧化焰低温烧成，呈色黄润光滑，釉面晶莹剔透。明代的黄釉有新的发展，始于宣德年间的浇黄釉，便是明代黄釉的代表。嘉靖以后，又有鱼子黄、鸡油黄等黄釉新品种出现。入清以后，还有康熙的蛋黄釉，以及其后的菜尾黄、鼻烟黄、金酱釉等。

清代　鸡油黄套红料双螭鼻烟壶

清代　黄釉浮雕海水龙纹托

瓷器

◎ 绿釉

绿釉有两种类型，一种采用二次上釉工艺，在红炉中烧成，俗称低温绿釉；另一种以铜元素为呈色剂，施于坯器上，在窑中高温氧化气氛中烧成，俗称高温绿釉。另外，青釉也有因烧成原因而呈绿色的，但仍为青釉。高温绿釉最早见于唐代长沙窑的铜绿釉壶。明嘉靖官窑烧过釉色深翠明亮、有划花飞凤纹的瓷器。清康熙官窑的郎窑绿釉是清代最著名的高温绿釉瓷。

◎ 紫釉

紫釉以锰和微量钴、铁为呈色剂，又名“毡泡青釉”，烧成后釉面呈现出如同茄子皮般的深紫色，故名。紫釉的烧成不需要太高的炉温，一般放在窑尾余膛区内即可，属于中温釉。茄皮紫色釉瓷创烧于明代中期，用作祭祀器。紫釉瓷在清代前期也较为流行。

◎ 玫瑰紫釉

玫瑰紫釉的特点是在红色之中泛现一种紫的色调，极像玫瑰色，最早见于宋代钧窑瓷器。其成因是釉料在强还原气氛中，还原成亚铁的青色和还原成低价铜的红色结合在一起，再加少量含钴、锰的原料，以1300 ~ 1320℃的温度烧制而成。

清代　孔雀绿地黑彩罐

◎ 窑变釉

窑变，是指瓷器因釉的配方和烧成时窑内的自然变化，产生了无法预料也无法控制的釉色。能产生窑变的釉有许多种，如北宋钧窑的窑变，产生了美丽的釉色；康熙郎窑红也会因窑变而有绿郎窑、反郎窑；豇豆红釉因窑变而有苹果绿、苹果青等。我国宋代的钧窑釉，是最早的窑变釉。由于在烧制过程中，釉会因熔融而自然流淌和相互交融，也由于窑内气氛的氧化性或还原性的变化，导致釉呈现出一些人们无法预料的颜色和形态，有的如夕阳晚霞，有的像大海怒涛，有的像高山峻岭，颜色有深有浅，或红中泛紫或紫中有青，十分美丽。

清代　粉彩龙纹宝瓶

清代　绿釉熏炉

◎ 炉钧釉

炉钧釉是清代雍正时期景德镇御窑厂创烧的一种仿宋钧釉，盛行于乾隆时期。因史籍中有“炉钧一种，乃炉中所烧”的记载，故称“炉钧釉”。其工艺是先以高温烧成瓷胎，再施上低温彩釉，于炉中二次焙烧而成，釉面呈现紫红、月白、葱绿等色，因釉面流动，多种釉色熔融于一体，有的蓝中带红色斑点，有的蓝中带青色斑点，颇显华美。

◎ 黑釉

黑釉是高温单色釉瓷中的主要品种，呈色剂和青釉一样，都是氧化铁，但含铁量在8%以上，因在高温中烧成后呈黑褐色而得名。黑釉在冷却过程中会析出密集型线状、点状、斑块状、花朵状的结晶，故又名黑结晶釉。黑瓷的出现，是瓷器仿漆器的结果。在不同的历史时期，黑釉瓷有不同的窑口，在造型和工艺上各有特色。日本镰仓时代的僧人到我国浙江省天目山佛寺游学，把黑釉瓷茶碗带回日本，故有“天目釉”的名称。“曜变”是日本人假借我国“窑变”二字起的术语，因为这种黑釉瓷有星星般的闪光斑点，所以用“曜”字代替了“窑”字。

“曜变天目”的釉彩奇特，在墨黑的底色上，散布着深蓝色星点，构成美丽的图案，围绕在这些星点四周的还有红、天蓝、绿等色彩，在日光照耀时发出珍珠般的灿烂光辉，故还有名为“星盏”。

清代　黑釉香炉

清代　青花冰梅开光将军罐

◎ 酱色釉

酱色釉是高温颜色釉品种之一，因釉色呈浓重的褐黄色，与芝麻酱色相近，故名。酱色釉是以铁为呈色剂的石灰釉，在窑中经高温一次烧成，因釉中的含铁量和烧成气氛不同，故釉色有浓淡深浅的不同。酱色釉在颜色和质感上都仿酱色漆器，从东汉时开始流行。宋代定窑、耀州窑、修武窑、登封窑、密县窑、古州窑以及福建、四川等地的许多瓷窑普遍烧制酱釉瓷，由于当时的酱色釉工艺尚不成熟，呈色有很大的不同。明清时酱色釉瓷继续生产，人称“紫金釉”或“柿色釉”。

◎ 玳瑁釉

玳瑁釉是著名的黑釉瓷器品种之一，在黑色釉面上有许多黄褐色斑块，色调类似海龟背壳上的颜色斑纹，黄黑相间的彩纹，变化万千，色调协调滋润，显得艳丽高雅。玳瑁釉瓷器的坯体用含铁量较少的瓷土做成，生坯挂釉，入窑焙烧后挂一次膨胀系数不同的釉，并重烧一次。由于釉层的龟裂、流动、密集、填缝，便在黑色中形成玳瑁状的斑纹。

清代　青花凤凰牡丹纹罐

◎ 兔毫釉

兔毫釉是黑釉瓷中的名贵品种之一，以宋代兔毫釉盏最有名。宋徽宗赵佶在《大观茶论》中推崇兔毫盏："盏色贵青黑，玉毫条达者为上，取其焕发茶色也。"兔毫釉以福建建阳窑最著名，四川、山西等地的瓷窑也生产兔毫釉瓷，各有特色。兔毫釉的釉色是在黑釉上透出黄棕色或铁锈色的细长条纹，因条纹很像兔毛而得名。这种毫毛呈鱼鳞状结构，毫毛两侧边缘各有一道黑色粗条纹，由赤铁矿晶体构成。毫毛中间由许多小赤铁矿晶体组成。兔毫的形成可能是由于烧成过程中釉层产生的气泡将其中的铁质带到釉面，当烧到 1300℃以上，釉层流动时，富含铁质的部分就流成条纹，冷却时从中析出赤铁矿晶体所致。

◎ 油滴釉

油滴结晶釉是宋代黑瓷中的一种装饰釉。釉面上有许多银灰色金属光泽的小圆点，形似油滴，大小不一，大的直径可达数毫米，小的只有针尖大小。这些银灰色的小圆点是在烧成时因铁的氧化物在该处富集，冷却时这些局部逐渐形成饱和状态，并以赤铁矿和磁铁矿的形式从中析出晶体所致。油滴的形成还与烧成温度有密切关系。烧成温度要恰到好处，温度低了，釉面无点子，温度高了点子又会散开，或者形成“兔毫”。这是油滴釉瓷十分名贵的原因。

清代　青花古景插瓶

清代　青花梅雀纹扁壶

◎ 鹧鸪斑釉

著名的黑瓷品种之一，为油滴结晶釉黑瓷中的一种，五代末宋初，《清异录》记载：“闽中造盏，花纹鹧鸪斑点，试茶家珍之。”以后宋代文人均称之为鹧鸪斑釉。此种釉内所含的铁与硅酸相当多，因而热度低时呈黑色，并且在表面上呈现出有银灰色金属光泽的铁黑色结晶，出现形同鹧鸪鸟胸部的白点。鹧鸪斑釉瓷历来十分珍贵，历代文人留下不少赞誉之词。

清代　青花海水云龙纹肥皂盒

◎ 茶叶末釉

茶叶末釉是传统结晶釉品种之一。茶叶末釉最早见于唐代耀州窑，是烧制黑釉瓷时偶然烧成的，器型有执壶、小盏等，釉面呈湿透状，釉色青中偏黄，釉中可见黑点，如同茶叶细末，故名。其生成机理是釉中的铁、镁与硅酸化合后产生结晶。明代茶叶末釉又名“厂官窑”。清代早期御厂也烧造茶叶末釉瓷。因每次烧成工艺总会存在一些微小的差异，所以茶叶末釉会产生一些变调的釉色。由于是艺术瓷，人们喜欢以釉色像何物之色来命名，所以《景德镇陶录》称康熙官窑茶叶末釉有蛇皮绿、鳝鱼黄、吉翠、黄斑点四种，但这四种名称对应何种瓷器的釉色，尚无定论，此外，人们还发明了蟹甲青、鼻烟、新橘、鳖裙、老僧衣等名目。可见，茶叶末釉的釉色很多。从传世实物来看，以雍正、乾隆时期的产品为多。雍正茶叶末釉瓷，以釉色偏黄的较多，俗称“鳝鱼黄”。乾隆茶叶末釉瓷，以釉色偏绿的较多，俗称“蟹甲青”。这类器物的器底有的刻有雍正、乾隆两朝的篆书款。

◎ 乌金釉

始于明代成化年间，由景德镇匠人在宋代黑釉的基础上发展而成，是利用含铁量达13.4%的乌金土制釉而烧出的一种光润透亮、色黑如漆的纯正黑釉。乌金釉同一般黑釉的区别除铁成分外，还含有锰、钴等元素。清代御窑厂生产的乌金釉有黑地白花、黑地描金两种。乌金釉质地细腻，釉面净亮如镜，为黑釉瓷中难得的佳品。

清代　青花盖罐

清代　青花缠枝赏瓶

◎ 铁锈花釉

一种结晶釉，因在黑釉中呈现出灿烂闪光的褐色花纹，似铁锈色而得名。于宋代北方流行，河北磁州窑、河南临汝窑和鲁山窑、山西怀仁窑、甘肃安口窑，以及四川、重庆窑都烧造铁锈花釉瓷，有瓶、罐、炉、枕、缸、盘、碗等器，花纹有折枝花草、叶纹、条纹、点纹和不规则花纹。清代雍正、乾隆官窑也烧铁锈花，釉多呈赤褐色。《陶雅》载："紫黑之釉，满现星点，灿然发亮，其光如铁。"《饮流斋说瓷》载："紫黑之釉满现星点，其光莹亮如铁者，谓之铁锈花。"雍正官窑结晶釉瓷以香炉、瓶、罐、杯、盘为多见。

◎ 郎窑绿釉

为豇豆红的"窑变"异色，又称"苹果绿"。釉面苔绿连成片，其间泛现红晕，近似新鲜苹果的丰美色泽。苹果绿的呈色机理，是制品在窑内最后阶段误被氧化，铜变成氧化铜，导致釉的大部或全部变成绿色。苹果绿可以说是豇豆红的失败之作，然有"满身苔点泛于桃花春浪间"的奇趣，是一个弥足珍贵的品种。

瓷器的彩料

彩料是用来绘图案、纹饰、彩斑等装饰用途的着色剂。根据彩料与釉料位置的不同，可以将彩料分为釉上彩、釉中彩和釉下彩等不同的类别。所谓釉上彩就是在坯体施加釉料经过烧制之后，再在凝固的釉料上施加彩料的方式。这种绘制方式还可以细分为粉彩、五彩和珐琅彩。为了使彩料更好地与釉料结合在一起，往往要在绘制好彩料之后再经过75℃～900℃的低温窑烧，采用这种方式制成的瓷器大多纹饰图案色调丰富、美观，但是很容易受到磨损。而釉下彩则是将彩料绘制的纹饰图案直接施加于成型的坯体上，然后再施釉窑烧，这样只需经过一次高温窑烧就可以了。如果细分的话，釉下彩又可以分为釉下青花、釉下五彩和釉里红等类别。同样，釉下彩的彩料因为经过了高温的锻造，与釉料的结合更为紧密、牢固，采用这种方式制成的瓷器大多画面清晰，色彩持久。而釉中彩则是在已经施釉的坯体上施加彩料，然后再施加一层釉料，之后才送入瓷窑进行高温烧制。这种彩绘方式又可以分为青釉褐斑、天蓝釉红斑、百绿褐斑、绿彩、褐彩等不同类别。采用这种方式制成的瓷器，既有釉下彩图案的清晰持久，又有釉上彩图案的鲜明生动。

除此之外，值得一提的还有釉彩的颜色。在元代之前，单色釉是最为常见的，但到了元代之后，因为彩绘的出现，多色釉瓷开始兴盛起来。到了明清时期，彩绘技术走向成熟，人们将不同的彩料和技法统一运用于彩绘瓷之中，从而创造出粉彩、五彩、三彩等不同种类的多色釉瓷。

清代　青花花鸟图大莲子罐

清代　青花花鸟大香炉

釉彩的种类

我国的瓷器制作艺术经过几千年的发展，在釉彩方面主要经历了三个阶段：首先是青釉阶段，这一阶段是从瓷器产生的商代开始，经过春秋和战国时期，一直持续到东汉末年。这一时期，最为常见的釉就是青釉，不论是商代时期的原始青瓷、春秋战国时期的青釉瓷，还是两汉时期的越窑青瓷，都是这一阶段最为常见的釉。这种釉因为原料成分、烧制温度等方面的差异，往往会有不同的色彩表现，其中最为常见的颜色有青色、青灰色、黄色等。其次是青釉和白釉共繁荣的阶段，这一阶段主要是指从隋唐到宋辽金时期。唐代的瓷器产业已经非常发达，并且初步表现出了“南青北白”的局面，即南方瓷窑多生产青瓷，北方瓷窑多生产白瓷。由此可见，青瓷持续兴盛的同时，白瓷也在逐步崛起。到了宋代，五大名窑之中已经有三个瓷窑专门生产白瓷了，可见白瓷已经后来居上，但是这一时期最为显著的特征还是青瓷与白瓷的并存。最后是多色釉阶段，这一阶段是从元代持续到民国时期，元代就已经出现了具有多种色彩的瓷器，但是真正意义上的多色釉瓷是从明代开始烧造的。到了清代，多色釉的种类已经相当丰富，其中最为常见的种类有豆青、天蓝、娇黄、洒蓝、仿定、紫金、孔雀绿等。以下我们就对历史上出现的几种釉彩做具体介绍。

清代　青花花鸟瓶

清代　青花观音瓶

◎ 青花

青花最初是一种略带蓝色的青色釉下彩。到了元代，其色彩更加倾向于蓝。到了明代，则发展成青蓝并重的深色调。到了清代，则专指白地青花瓷器。这种釉的构成成分主要是含氧化钴的土矿，以及少量的铁和锰。这种釉因为所含成分比例的不同又可以分为两种，一种是用我国生产的钴土矿，搭配较高比例的锰金，以及较小比例的铁制成的；另一种是用从国外引进的“苏麻离青”彩料，搭配较高比例的铁，以及较小比例的锰制成的。这两种不同的青花釉因为所含成分比例的不同，在性能、颜色等方面的表现也多有不同。考古发现，我国青花瓷首创于唐代，成熟于元代，兴盛于明代，到了清代中前期达到鼎盛，并且还发展出了豆青釉青花、孔雀绿釉青花、青花红彩、黄地青花等不同品种。青花瓷朴素典雅，深受世人喜爱，它也是从元代至今，我国瓷器史上最常见的品种之一。

清代　青花高足盘

◎ 釉里红

釉里红是一种略带紫色的红色釉下彩，这种瓷器在制作过程中，先用铜红料在成型的坯体上描绘出各种纹饰图案，然后在其上涂抹无色透明釉，最后再经过高温窑烧就可以了。这种瓷器的烧制难度是很大的，因为瓷器最终呈现出来的颜色不仅与铜红料的含铜量和透明釉的成分有关，还受瓷窑温度的影响。这三方面的略微不同都会导致瓷器颜色的差异。这种瓷器首创于元代，但是当时的釉里红瓷制作技术还不完善，所以当时纯红色的釉里红瓷器数量非常少。不仅如此，那时的釉里红瓷器往往还有颜色外浸的现象。到了明代，因为烧制技术过于复杂，所以这类瓷器的品种已经很少，但是技术却在一步步完善。到了清代，釉里红烧制技术才最终成熟，这一时期不仅能够烧制出纯红色的釉里红瓷，还将釉里红、青花和豆青三种色彩混合使用，创造出色彩丰富的多色釉瓷器，这也是清代釉里红瓷的一个重大发展。

◎ 五彩

五彩又名“古彩”“硬彩”，是一种用红、绿、黄、紫、蓝五种颜色绘制而成的釉上彩，因为用五种颜色绘制而成，所以采用这种方式制成的瓷器大多色彩丰富，对比强烈，鲜明艳丽。需要说明的是，所谓的五彩瓷，并不一定要将五种色彩全部呈现出来。事实上，将这五种色彩全部体现出来的瓷器并不多，常见的五彩瓷多是体现五种颜色中的两种或三种。这种彩绘方式首创于明代中前期，到了明末清初的时候达到兴盛，到了清代中前期，已经臻于完善，直到清代中期之后，粉彩出现，五彩才逐渐衰落下去。

◎ 三彩

三彩是一种用绿、黄、紫三种颜色绘制而成的釉下彩，即在已经成型的坯体上用绿、黄、紫三种颜色的彩料画出纹饰图案，然后再施加釉料，并进行高温窑烧。这种彩绘方式首创于明代中后期，到了清代前期已经非常成熟，等到清代康熙年间，人们又在原来的三彩方式之上进一步拓展，最终创造出了黑地三彩、白地三彩、三彩加红、三彩加蓝、虎皮三彩等新种类。

清代　青花三星盘

清代　青花龙纹盘

◎ 斗彩

斗彩又名“逗彩”，是一种釉下彩与釉上彩相互结合的绘制方式，首创于明代中后期。这种绘制方式是指在坯体加工成型之后，在坯体上用彩料画出图案形象的轮廓，然后施釉窑烧，出窑之后，用彩料对瓷胎上的图案轮廓进行填色，然后再进行低温窑烧。采用这种方式制成的瓷器图案色彩具有鲜明的对比度，不仅动静兼具，而且素雅端庄，具有丰富的内涵和表现力。

◎ 墨彩

即黑色釉彩，是从粉彩技法中衍生出来的一种釉上彩，首创于清代前期，盛行于清代中后期。采用此种技法的瓷器在经过高温窑烧之前，要先用淡墨色的彩料在瓷坯上绘制出纹饰，然后再经过高温窑烧，就会在瓷胎上形成淡黑色的纹饰。此种釉彩多见于瓷盘、瓷碗，图案以山水画居多。

墨地金彩人物纹瓶

年代 清代
规格 高 15 厘米
口径 8 厘米
底径 10 厘米

粉彩胆瓶

年代　晚清
规格　高 42 厘米
口径 16.5 厘米
底径 23 厘米

◎ 粉彩

粉彩是清代中前期出现的一种低温釉上彩，其制作原理是，在五彩的基础上，对各种颜色进行“粉化”，最终使五彩带上珐琅彩的效果。这种釉彩盛行于清代，并随着时代的演变而多有不同，但总体上说，粉彩技法形式多样，具有书、诗、画合一的效果，清新明丽，风格简朴。

◎ 珐琅彩

珐琅彩是釉上彩的一个品种。采用这种技法制作的瓷器多见于清代中前期的宫廷用瓷中，因制作工艺复杂，成本过高，民间较为少见。因为用料精细，所以珐琅彩瓷多为瓷中精品。

清代　青花喜字瓶

◎ 广彩

广彩是以景德镇烧制的素白瓷胎在广州施彩的一种外销彩瓷名称。广彩始于清代乾隆时期，器彩和画面多为中外合璧式样，彩的质色近似当时的料彩。乾隆朝以后，虽继续烧造，但彩质和绘画技法均逐渐衰退。

◎ 素三彩

素三彩是一种以绿、黄、紫三种颜色的彩料绘制的瓷器釉上彩，也有不是这三种颜色构成的素三彩瓷，但数量较少。这种釉彩首创于明代中期，在明代后期和清代中前期比较常见。采用这种技法制作的瓷器多作为祭祀用品。

清代　青花山水楼阁人物茶壶

清代　青花山水纹罐

◎ 珐花彩

又名“法华”，该种釉彩是从陶器技法中的琉璃彩上发展而来的，首创于明代中期。其制作方法是，在瓷坯上刻画出图案纹饰的线条轮廓，用毛笔在线条轮廓中堆出一定高度的泥坝，然后经过高温窑烧，在泥坝上填入孔雀绿或紫色的釉料，再经过二次高温窑烧制成。

清代　青花折腰碗

◎ 浅绛彩

浅绛彩是一种在粉彩基础上发展而来的釉上彩，首创于清代中后期。其制作方法是，先在瓷坯上施加白釉，然后高温窑烧，用水磨料或淡赭色的釉料在白釉上用水墨手法绘制图案纹饰，之后再进行窑烧，使釉料凝固。通常情况下，浅绛彩瓷器的图案为写意图案，柔和淡雅，清新自然。

◎ 新彩

又名“洋彩”，是清代末期从国外传入的一种釉上彩。其制作方法是，先在瓷坯上施加一层白釉，然后高温窑烧，用五彩釉料在白瓷上绘制出各种图案纹饰，然后再进行窑烧。通常情况下，新彩瓷器的色彩都非常丰富，格调也是多种多样，不拘一格。

◎ 金彩

金彩是一种历史悠久的釉上彩，首创于宋代，兴盛于明清时期。其制作方法跟普通的釉上彩没有太大的区别，唯一不同的就是在对瓷坯进行高温窑烧之前，先要用玛瑙对坯体进行抛光，这样在经过窑烧之后，就会有金光闪闪的效果。但是这样制成的金彩瓷器的瓷胎和釉料的黏合并不牢固，更为有效的方式是用毛笔将金水涂抹于瓷坯上，然后窑烧，之后再施加透明釉，这样制成的金彩瓷不仅结构牢固，而且色彩更加鲜亮。

清代　青花狮子画缸

清代　青花碗

◎ 青花釉里红

青花釉里红是在一件瓷器上同时使用青花和釉里红两种技法的釉下彩。具体的制作工艺是，先在瓷坯上用青花钴料和铜红料绘制出纹饰图案，然后施加透明釉，进行高温窑烧，形成青花釉里红瓷。因为青花和釉里红是两种不同性质的釉下彩，其形成的窑烧温度差异很大，所以青花釉里红工艺的实施难度很大，采用这种技法制成的瓷器并不多见。

瓷器

◎ 青花加彩

青花加彩是将釉下青花和釉上彩相结合创造的一种加彩技法，采用这种技法的瓷器要在为瓷坯施釉之前，就用青花彩料在瓷坯上绘制出纹饰图案的轮廓，然后再施加白釉，经过高温窑烧，最后用各种颜色的彩料对图案轮廓进行填充，从而制成青花加彩瓷。因为填充颜色的彩料种类不同，故而有多种不同的式样，比如青花单彩、青花双彩、青花三彩等。

◎ 青花五彩

青花加彩瓷中的一种，在青花瓷中，凡是加彩颜色超过三种的就是青花五彩，采用这种技法的瓷器多采用蓝色的彩料在瓷胎上绘制出各种形式的图案轮廓，然后施釉、窑烧，再在釉层上对图案的轮廓填充三种以上的颜色，从而构成瓷器的图案纹饰。采用这种纹饰的瓷器大多色彩艳丽，层次分明。

清代　青花蒜头瓶

清代　青花香炉

瓷器的纹饰

我国古代瓷器上丰富多彩的纹饰图案，是中华文明传统文化的生动体现，它与中国传统文化中的绘画、雕刻等艺术存在着千丝万缕的联系。不仅如此，在这些纹饰图案之中，我们还可以看到外国文化的影子。下面就来了解一下瓷器纹饰的雕刻技法和构图方式。

装饰技法

◎ 刻花（划花）

刻花是瓷器制作中最为常见的装饰技法之一。所谓刻花，就是用铁刀或竹刀等锋利的工具在瓷坯上刻出各种各样的纹饰图案，然后进行施釉，窑烧形成瓷器纹饰。通常情况下，刻花又叫作“划花”，详细地说来，两者在具体实施手法上存在着一些不同之处，但从总体上看，这两种技法所达到的效果，大体上是相同的，即纹饰清晰，线条流畅。

贴花喜鹊登梅帽筒（一对）

年代 民国时期
规格 高 38 厘米

◎ 印花

印花是瓷器制作中最为常见的装饰技法之一。所谓印花，就是用印模在瓷坯上印制出略微凸起的纹饰或者图案，然后进行施釉，窑烧形成瓷器纹饰。采用这种装饰技法的好处就是操作简便，制作时间短，能够制作出很好的浮雕纹饰。

◎ 贴花

贴花是瓷器制作中最为常见的装饰技法之一。所谓贴花，就是用瓷器的制作原料在瓷坯之外，通过手工或模具等方式制作出带有各种纹饰的薄片，然后再将这些薄片粘贴在瓷坯的表面，进行施釉，窑烧制成瓷器。运用这种装饰技法制作出来的浮雕效果比印花更为明显。这种装饰技法始于东汉时期，以后一直沿用到隋唐时期。

粉彩龙凤呈祥喜字盘

年代 民国时期
规格 口径25厘米

◎ 剪纸贴花

剪纸贴花是瓷器制作中最为常见的装饰技法之一。所谓剪纸贴花，就是将用纸剪成的各种纹饰贴在瓷坯上，在瓷坯表面施加釉浆，经过窑烧制成瓷器纹饰。这种装饰技法运用起来非常简便，制作出来的纹饰图案也别有美感，是南宋和元代时期最为常见的瓷器装饰技法之一。

◎ 小叶贴花

小叶贴花是瓷器制作中最为常见的装饰技法之一。所谓小叶贴花，就是将经过特殊处理的天然叶子粘贴在瓷坯表面，然后在叶子上施加黑釉浆，经过窑烧制成瓷器纹饰。这种装饰技法在宋代吉州窑瓷器中比较常见。

清代　五彩凤尾尊

◎ 剔花

剔花又名“剥花”，也是瓷器制作中最为常见的装饰技法之一。所谓剔花，就是在还未风干的瓷坯上施加较为黏稠的釉浆或化妆土，然后用铁刀或竹刀等工具在瓷坯表面刻画纹饰图案，使纹饰图案线条处的釉浆或化妆土剥落，露出最初的瓷胎颜色，产生浅浮雕效果。采用这种装饰技法制作的瓷器，使纹饰在色彩、线条等方面表现得更加突出。

◎ 镂雕

镂雕也是瓷器制作中最为常见的装饰技法之一。所谓镂雕，其实是“镂花”和“雕花”的合称，而所谓“镂花”就是只镂空而不雕刻，而“雕花”则是只雕刻而不镂空。

清代　五彩瓷开光瑞兽纹花觚

◎ 堆雕

堆雕又名“塑贴”，是我国瓷器制作中最为常见的装饰技法之一。所谓堆雕，就是用经过特殊处理的黏土制成的泥浆在瓷坯表面堆出纹饰的初步形状，之后用竹子或木棒敲击，使泥浆与瓷胎结合牢固，再用铁刀或竹刀进行细密的修饰，在此基础上再经过施釉、窑烧制成瓷器纹饰。采用这种装饰技法，可以创造出浅浮雕和高浮雕等多种不同的装饰效果。

◎ 点彩

点彩也是我国瓷器制作中最为常见的装饰技法之一。所谓点彩，就是在施加釉浆的瓷坯上，用不同于釉色的彩料在釉层之前施加块状色斑。这种装饰技法始于西晋时期，在东晋时期最为常见，是早期瓷器中比较常用的装饰技法。

清代　五彩瓷盘

清代　五彩瓷砚

◎ 加彩

加彩也是我国瓷器制作中最为常见的装饰技法之一。所谓加彩，就是在单色釉之上施加另一种或多种不同色彩的釉浆，然后经过窑烧制成瓷器纹饰。这种装饰方法在宋代各地的民窑中比较常见。

◎ 夹彩

夹彩也是我国瓷器制作中最为常见的装饰技法之一。所谓夹彩，就是在经过高温窑烧的白瓷上绘出纹饰，然后在纹饰之外的瓷胎上施加另一种颜色的釉浆，再经过二次的低温窑烧制成瓷器纹饰。采用这种装饰技法制作而成的瓷器，纹饰大多绚丽多彩。

清代　五彩花卉开光冬瓜罐

◎ 锥花

锥花又名“锥拱”，是我国瓷器制作中最为常见的装饰技法之一。所谓锥花，就是用铁锥在瓷坯表面锥出各种纹饰。这种装饰手法首创于明代前期，到清代前期达到鼎盛。

◎ 风尾轧道

风尾轧道是我国瓷器制作中最为常见的装饰技法之一。所谓风尾轧道，就是在瓷器表面绘制出主要纹饰之外，还制作出一条细长卷曲式的“风尾线”，以起到陪衬装饰的作用。这种装饰手法在清代中前期瓷器中最为常见。

◎ 刻填彩

刻填彩是我国瓷器制作中最为常见的装饰技法之一。所谓刻填彩，就是采用刻花技巧在瓷坯表面刻画出各种纹饰，然后在瓷坯表面施加釉浆进行窑烧，窑烧完后，取出坯体，用另一种颜色的釉浆在瓷器表面的纹饰线条处进行涂抹，最后对坯体进行窑烧制成瓷器。采用这种装饰技法制成的瓷器，目前出土数量并不多，一般多为明清瓷器。

清代　五福捧寿高足盘（正面）

粉彩花鸟盘

年代　民国时期
规格　口径 25 厘米

构图形式

◎ 开光

开光是中国瓷器的纹饰构图形式之一，是纹饰中常见的外框形式，从现今出土的文物来看，这类纹饰可以分为色地开光和白地开光两类。比较常见的式样有正方、长方、圆形、菱形、海棠、扇面等。

◎ 过枝

过枝是中国瓷器的纹饰构图形式之一，即在瓷器的坯体上雕刻植物纹饰时，用植物横跨瓷器的内壁和外壁，从而使不同空间的植物能够组合成一个完整形态。这类构图形式多见于明清时期的瓷盘、瓷碗、瓷碟上，纹饰多为瓜果、花枝、翠竹等。

◎ 团花

团花是中国瓷器的纹饰构图形式之一。这类图案纹饰多见于明清时期的瓷器上，比较常见的纹饰有团龙、团凤、团鹤、团花等。

◎ 万花堆

又名“百花图”，是中国瓷器的纹饰构图形式之一，即在瓷器的坯体上刻画出花团锦簇、五彩缤纷、风姿各异的花朵。这种构图纹饰多见于明清时期的瓷器上，比较常见的花系图案有菊花、月季、茶花、百合、牵牛等。

◎ 缠枝花

中国瓷器的纹饰构图形式之一，即以波状线为骨架，在波状线上生发出各种枝叶、花朵而形成的纹饰。这种纹饰在明清瓷器上比较常见，它是由两汉时期的卷草纹发展而来的。

◎ 朵花

中国瓷器的纹饰构图形式之一，即瓷器上带有两三片叶子或短枝的花朵纹饰。从现今出土的古代瓷器来看，这种纹饰多呈散点状分布。

◎ 折枝花

中国瓷器的纹饰构图形式之一，即在瓷器的坯体上雕刻出花草的一枝或一部分，以此作为瓷器的装饰图案。从现今出土的瓷器来看，这种纹饰的使用方法是非常灵活的，既可以单独作为主图，又可以连续使用，以此作为辅助纹饰。

粉彩花卉纹盘

年代　民国时期
规格　口径 26 厘米

清代　洒蓝釉折腰碗

◎ 锦地

中国瓷器的纹饰构图形式之一，即以诸如龟背纹、水波纹、云纹、重棱纹、锁子锦、十字锦、万字锦之类的织锦图案为瓷器的装饰图案的方法。从现今出土的古代瓷器上看，这种纹饰通常不会作为瓷器纹饰的主要图案，而是作为辅助纹饰，在主图之外呈繁密规整的连绵状。

◎ 珍珠地

又名“珍珠地划花”，中国瓷器的纹饰构图形式之一，是唐代西关窑在模仿唐代金银器錾花工艺的基础上创造出来的，在宋代达到鼎盛，是两宋瓷器中最为常见的纹饰之一。其制作工艺是首先在瓷器的坯体上施加白色的化妆土，之后在坯体上刻画出主要的纹饰，然后在纹饰之外的空间戳印出细小的圆圈，最后再经过窑烧即可。在宋代，这种构图纹饰因为地域的不同，而在颜色方面表现出各不相同的特色。从现今出土的瓷器上看，土黄色、橘黄色、黑色等都是比较常见的珍珠地纹饰颜色。

清代　狮子纹罐

纹饰类别

◎ 串珠纹

又名缀珠纹，即在瓷器的坯体表面刻画出成串的凸起圆珠，以此来构成文字或图案的纹饰。这种纹饰多见于元代的青花、青白釉、釉里红瓷器上。

◎ 忍冬纹

即呈缠连状的枝叶藤蔓纹饰。这种纹饰多见于南北朝至隋唐时期的瓷器上，并且常与莲瓣纹一同出现于佛教瓷器上，属于卷草纹的一种特例。

◎ 回纹

从陶器制作中的雷纹基础上演变而来的纹饰，即由各不相同的横竖短线组成的圆形或方形的回环状纹饰，因外形酷似“回”字而得名。在古代，“回”字寓意吉利长久，因此这种纹饰也就成为我国古代最为常见的瓷器纹饰之一。

清代　素三彩龙纹大盘

清代　素三彩蝶纹盘

◎ 璎珞纹

中国古代瓷器最为常见的纹饰之一。璎珞本是古代贵族或佛教菩萨造像的佩戴饰品，将其纹饰雕刻于瓷器的坯体上就形成了璎珞纹。其制作方法因时代的不同而略有差异，比如元代的璎珞纹多是将黏土制作的小圆珠直接粘贴在瓷器上构成串状，而明代的璎珞纹则多将黏土直接粘贴到瓷器上，然后再用笔或刀等工具将泥条隔开。这也是元明瓷器断代的一个有效方法。

◎ 篦纹

中国古代瓷器最为常见的纹饰之一，即篦状纹饰。这种纹饰最早见于商周时期的陶器上，后来随着瓷器的兴起，在宋元时期的瓷器上也兴盛过一段时间，但是制作方法已经与陶器上的篦纹有所不同。陶器上的篦纹多是在器坯未进行窑烧之前直接雕刻出来的，而瓷器上的篦纹多是用戳刺的方法在瓷器的坯体上戳出来的，所以在宋元时期，这种篦纹又被称为“篦点纹”。

◎ 阿拉伯文饰

即将阿拉伯文刻画于瓷器的坯体上形成的纹饰。这种纹饰首创于唐代，一直沿用到清代，是我国古代外销瓷器上最为常用的纹饰，一般是用青料或红彩料书写而成。

◎ 把莲纹

中国古代瓷器最为常见的纹饰之一，即在瓷器上刻画出以四五枝为一束的莲花而形成的纹饰。这种纹饰首创于宋代，兴盛于明清时期。

◎ 八吉祥纹

中国古代瓷器最为常见的纹饰之一，主要由法螺、法轮、白盖、宝伞、莲花、金鱼、宝罐、盘肠八种吉祥物构成。这种纹饰首创于元代西藏喇嘛教瓷器之上，到了明清时期，更为盛行，多出现于青花、五彩、珐琅彩等瓷器上。

清代　胭脂红釉渣斗

◎ 刀马人图纹

中国古代瓷器最为常见的纹饰之一，即瓷器上刻画出包括军马、弯刀、骑士等形象的战争场面，比较著名的有火烧赤壁、春秋五霸等，形象生动，层次分明，在清代早期瓷器中最为常见。

◎ 摩羯纹

又名“鱼龙变纹”，中国古代瓷器最为常见的纹饰之一，即瓷器上刻画出的摩羯图案纹饰。在佛教文化中，摩羯是一种利齿、长鼻、鱼身的水兽，这种动物形象最初出现在东汉时期，由西域传入我国，在当时是吉祥如意的象征，一直到宋代瓷器上都有出现，但是在宋代之后，就基本绝迹了。

◎ 拐子纹

又名“拐子龙”，中国古代瓷器最为常见的纹饰之一，是在夔龙纹的基础上发展而来的，即将身体弯曲的夔龙与缠枝花卉结合在一起创造出来的一种瓷器纹饰。

清代　雍正粉彩笔筒

◎ 鱼纹

这种纹饰历史悠久，早在新石器时代的陶器上就已经出现，随着陶器的衰落、瓷器的兴起，此种纹饰又沿用至瓷器之上。因为历史的演变，此种纹饰也几经变化，有多种样式，比如鱼藻纹、水藻游鱼、莲池游鱼、水波游鱼等。在我国古代，因为鱼字谐音的缘故，鱼纹常常被当作富足的象征，之后这种寓意也得到了继续发展。到了明清时期，人们通常将鱼藻纹看作清白廉洁的象征，故而兴盛一时。

◎ 龙纹

中国古代瓷器最为常见的纹饰之一，即瓷器上带有各种龙形象的图案纹饰。在中国古代瓷器上，龙纹的历史源远流长，其兴盛时间，从东汉一直延续到明清时期。因为各个时期时代特征的演变，龙纹也有各不相同的式样。按照时间上的分类，主要有以下几种比较常见的式样：首先是穿花龙，又名串花龙，就是以花卉纹饰为背景的地纹上刻画出的龙形象，以此构成龙在花卉之间穿行的图案纹饰，此种龙纹首创于唐代晚期，在明清时期最为常见；然后是鱼化龙纹，又名鱼龙幻化，即鲤鱼在波涛汹涌之中逐渐变化成龙的图案纹饰，此种纹饰有“吉运高升”的寓意，在清代早期瓷器中比较常见；再有就是九龙闹海，即九条龙在波涛之中嬉戏的图案纹饰，此种纹饰也是我国古代比较常见的瓷器纹饰之一。

◎ 三多纹

又名“三果纹”，即用桃、石榴和佛手构成的图案纹饰，因为谐音的缘故，此种纹饰常常含有吉祥福寿的含义，所以在我国古代兴盛一时。到了明清时期，在此种纹饰的基础上，又发展出了“岁寒三友（松、竹、梅）纹”和“岁寒四友（梅、兰、竹、菊）纹”。

◎ “万事顺心”

中国古代瓷器最为常见的纹饰之一，即瓷器上由几个桃子和柿子构成的图案纹饰。在我国古代，桃子因形状酷似心形，柿子寓意万事，所以由这两种果实构成的图案就有“万事顺心”的意思。到了明清时期，在此种纹饰的基础之上，又发展出了“五福图”，即由五只蝙蝠构成的图案纹饰。这些图案纹饰都因为寓意吉祥而在一定时期风行一时。

元代　卵白釉暗龙纹高足碗

元代　孔雀绿釉渣斗

元代　蓝釉壶

◎ “福禄寿”

中国古代瓷器最为常见的纹饰之一，即瓷器上由鹿、蝙蝠、蟠桃和松鹤构成的图案纹饰。在我国古代，蝠的谐音是福，鹿谐音禄，而蟠桃和松鹤均有长寿的寓意，所以由这些图案构成的瓷器纹饰就有“福禄寿”的寓意，这种图案在明清时期比较盛行。

◎ “马上封侯”

中国古代瓷器最为常见的纹饰之一，即瓷器上由骏马、蜜蜂和猴子组成的图案纹饰。在我国古代，这三种动物因谐音的关系，有“马上封侯”的寓意，所以在瓷器上是比较常见的图案纹饰。到了明清时期，在此基础上还产生了由喜鹊、猴子和鹿构成的“喜禄封侯”。

◎ “无双谱”

中国古代瓷器最为常见的纹饰之一，即在瓷器上刻画出我国古代比较知名的仁人志士而构成的纹饰。此种纹饰在明清时期最为盛行。

◎ “海屋添筹”

中国古代瓷器最为常见的纹饰之一，即瓷器上带有儿童在院中嬉戏的图案。在我国古代，“海屋添筹”一词是人们常用的祝寿词，所以由此而来的纹饰也是祝愿长寿的意思。

◎ “八仙”

中国古代瓷器最为常见的纹饰之一，即瓷器上带有用吕洞宾、铁拐李、张果老、钟离权、韩湘子、何仙姑、蓝采和、曹国舅八位神仙构成的图案纹饰。在明清时期，这种纹饰最为常见。

粉彩人物帽筒（一对）

年代 民国时期
规格 高38厘米

粉彩人物盖罐

年代　民国时期
规格　高 25 厘米

◎ “饮中八仙”

中国古代瓷器最为常见的纹饰之一，即瓷器上带有用李白、贺知章、李适之、汝阳王（李）琎、崔宗之、苏晋、张旭、焦遂八位历史名人构成的图案纹饰，此种纹饰在清代瓷器上最为常见。

◎ “麻姑献寿”

中国古代瓷器最为常见的纹饰之一，即瓷器上带有麻姑仙女捧寿桃图案。这种纹饰在我国古代有“天降福禄”的寓意，故而成为比较常见的瓷器纹饰。

◎ “太平有象”

中国古代瓷器最为常见的纹饰之一，即瓷器上带有我国古代常见的吉祥图案，以此寓意五谷丰登，四海升平。

◎ “吉庆有余”

中国古代瓷器最为常见的纹饰之一，即瓷器上以鱼纹、乐器磬和兵器戟构成的图案纹饰。在我国古代，此种纹饰带有祥瑞的寓意，多出现于清代瓷器上。

◎ “教子升天”

中国古代瓷器最为常见的纹饰之一，即瓷器上由海中的小龙和天上的大龙构成的图案纹饰。此种纹饰有“愿人高升”的寓意，是明清时期比较常见的瓷器纹饰之一。

粉彩人物纹壶

年代 民国时期
规格 高 14 厘米
底径 13 厘米

青花缠枝花卉纹盘口瓶

年代　民国时期
规格　高 43 厘米

瓷器的款识

在瓷器上雕刻款识是从宋代开始的，那个时候的瓷器多刻有“正和年制”或“内府”字样的款识。到了元代，瓷器上的款识有所减少，除了元代官窑生产的瓷器还会雕刻“枢府”字样的款识之外，其他瓷窑生产的瓷器上均不再雕刻款识。到了明代，在瓷器上雕刻款识的方法再度兴盛起来，并且这一时期的款识种类也更加多样。就以明代官窑来说，这一时期在瓷器上雕刻的款识也是不同的，除了有“某某年制”字样的款识之外，还有“某某年造”字样的款识，而其他瓷窑的款识也不一而足。到了清代，在瓷器上雕刻款识已经成为瓷器制作过程中不可或缺的一个步骤，这一时期较为常见的瓷器款识多用“制”和“造”字。至于款识在瓷器上的位置，也是多种多样，最常见的就是在瓷器的底足内居中雕刻，当然也有在足内边际雕刻的，书款方式以横款居多。以下就对我国历史上出现的比较常见的款识做具体介绍。

纪年款

纪年款就是用刻、印、写等不同方式在瓷器上制造出能够表明瓷器生产年代的款识，这是我国历代瓷器中最为常见的款识之一。一般而言，纪年款因采用表示年代方法的不同而分成两大类：一类就是用当时帝王的年号作为表示年代的方式；另一类是采用甲子年来表示年代的方式。从书写形式上看，最为常见的六字款：开头两字为朝代名，中间两字为年号名，最后两字为“年制”或“年造”二字，比如“大明宣德年制”“大清康熙年造”等；也有的瓷器采用四字款，略去朝代名，直接书写年号和“年制（造）”二字，当然也有的四字款会略去年号，直接书写朝代名和“年制（造）”二字，但这种款识出现的数量并不多。至于纪年款的款识，最为常见的是用青花彩料书写，当然也有用朱书、凸印、暗刻等方式制作的，书写的款识多为竖排，横排较为少见。并且在款识之外，还常常带有一定的边纹装饰，其中最为常见的边纹就是用单圈、双圈、双线方框、双线长方形等将款识框起来。纪年款是历代官窑最常采用的一种款识。

绿狮子纹瓶（正、背面）

年代 民国时期
规格 高 44 厘米

元代　青花瓷器

堂名款

堂名款就是将瓷器拥有者的堂名、斋名等雕刻在瓷器上，以此来标明瓷器归属的款识。这种款识最为常见的内容有堂名、斋名、楼名、居名、轩名、阁名等，多见于明清时期，清代中前期是其最为兴盛的时期。

吉言款

吉言款就是将具有吉祥意义的词语烧在瓷器上，以此来表达祝福的款识。这种款识的雏形早在魏晋时期就已经出现，只是那一时期的所谓吉祥语大多采用谐音的方式，比如“富且洋（祥），宜公卿，多子孙，寿命长，千意（亿）万岁未见英（殃）”“宜子孙，作吏高，其乐无极”等。而真正意义上的吉言款出现于明代晚期，多为四字款，比如“天下太平”“长命富贵”“三元及第”等。当然也有二字款和一字款，但是比较少见，比如“吉兴”“双利”“福”“善”等。到了清代，吉言款的式样更加丰富，不仅融入了“喜”“庆”等文字，在吉言语之外，还用边纹作为装饰。总体来说，明代的吉言款多出现于民间瓷窑生产的瓷器上，而清代的吉言款则多出现于官窑瓷器上。

元代　青花瓷梅罐

粉彩人物盖罐（正、背面）

年代　民国时期
规格　高 25 厘米

赞颂款

赞颂款就是将称赞瓷器的文字烧在瓷器上而形成的款识，这种款识的雏形早在唐代就已经出现，比如唐代长沙窑烧制的瓷器上就有雕刻着“卞家小口天下第一”或“郑家小口天下有名”的文字，但是真正意义上的赞颂款是明代才出现的。明代的赞颂款大多为四字款，比如“昆山美玉”“上品佳器”等，也有二字款，比如“雅珍”“美玉”等。这些款识在款字之外，还常常用单线或双线的圆圈将款字框起来。到了清代，赞颂款多出现于私人制作的瓷器上。因此，在清代，赞颂款也叫作私家款，比较常见的款字有“奇珍如玉”“美玉雅玩”“雅玩”“珍藏”“玉”“珍”等。

花样款

花样款就是将含有某种寓意的纹饰图案烧在瓷器上形成的款识，又名“记号款”。明代多见于民间瓷窑生产的瓷器上，到了清代也出现在官窑之上。款识的式样更是丰富多彩，种类繁多，比如八卦、太极、琴棋书画等博古图案，八吉祥、转轮王的奇珍等佛教符号，还有吕洞宾的宝剑、铁拐李的葫芦、何仙姑的荷花等道教符号，当然也有龙、凤、龟、梅、松、竹、菊等动植物图案。

陶人款

陶人款就是将制作瓷器的陶工、作坊主或陶店主的姓名烧在瓷器上形成的款识。这种款识的雏形早在原始青瓷上就已经出现，那个时候的瓷器常常在吉言、赞颂等语言之后，标明制作者的姓名。到了明代，真正意义上的陶人款才出现于官窑生产的瓷器上，但数量不是很多；到了清代，这种款识才真正兴盛起来，最为常见的款识是在制作者的姓名之后加个“造”字。

粉彩人物瓶（一对）

年代　民国时期
规格　高 43 厘米

瓷器

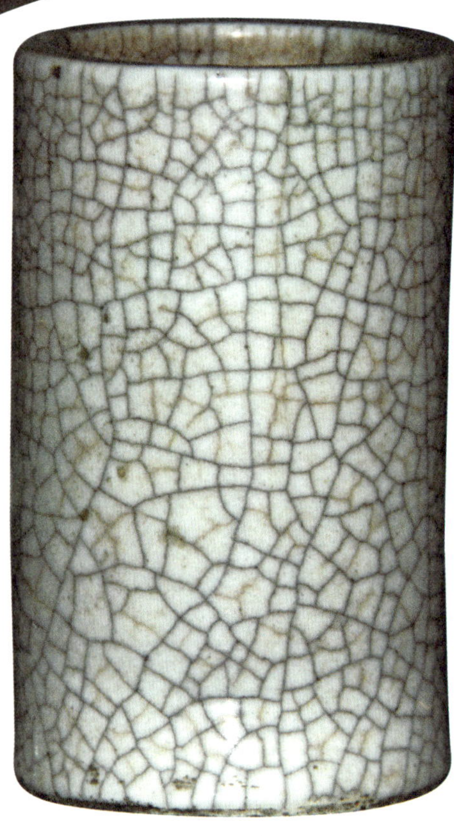

仿哥窑笔筒

年代　清代
规格　高 13 厘米
　　　口径 7 厘米

仿款

仿款就是在自己生产的瓷器上模仿前代款识而制作的款识，这种款识的出现并不全是为了作伪，也与当时社会强烈的复古心理有直接关系。仿款首创于明代，之后，模仿者越来越多，仿古技术也越来越进步。到了清代，世人制作的仿款甚为精美，甚至可以达到以假乱真的境界。但是，仿款与真款之间总是有些差别的，这种差别主要体现在款识的风格、字体、位置、结构、颜色、用料等方面，只要细细观察，还是可以分辨的。比如元代和明代初期的款识大多颜色深厚，随着时间的积淀，色泽多有下沉、凝固、结斑等现象；而明代中期的款识大多颜色不纯，在蓝色之中常常可以看见黑色或灰色的杂质，而明代晚期的款识多浓艳泛紫，色调均匀；至于清代的款识，虽然浓艳亮丽，色调均匀，但是其中的紫色多会随着时间的积淀而出现涣散的现象，这些都是辨别仿款的有效方法。

第三章

中国历代名窑

邢窑瓷碗

年代　隋代
规格　口径11厘米

北方名窑

邢窑

邢窑地处今河北省邢台市内丘县、临城县、隆尧县一带，据考古发掘，在临城县的岗头、祁村、双井等村以南，内丘县的宋村、冯唐村以北，西丘村以东，隆尧县双碑村以西的狭长地带中，邢窑遗址有几十处之多。邢窑的制瓷历史最早可以追溯到南北朝的北齐时期，之后经过隋代的不断发展，在唐代达到兴盛，在随后的五代十国时期，邢窑陷入了低迷期，但是到了宋代再一次地兴盛起来，之后又历经明清时期，最终衰落下去。在一千多年的制瓷历史中，邢窑主要以出产白瓷著称。当然，除此之外，邢窑还生产黑釉瓷和青釉瓷。早期的邢窑瓷器造型多为罐、碗、壶等，质地较为粗糙。但是随着时代的不断演进，邢窑的制瓷工艺也有了长足的发展。到了唐代，邢窑的制瓷工艺达到了鼎盛，所生产的瓷器不仅胎体光滑洁白，而且质地细腻，具有很好的透光性，釉层均匀纯正，多为素面，其中最具代表性的就是邢窑生产的透影白瓷。这种瓷器多采用拉坯技术制成，不仅胎体轻薄，而且釉层均匀光滑，做工精细，还采用了立体雕刻和贴花装饰技巧，朴素大方，严整优美，是邢窑瓷器中的上乘佳作。邢窑是我国北方最早生产白瓷的瓷窑之一，其所产白瓷有“天下无贵贱通用之”的美誉，不仅备受国人推崇，还行销海外。

曲阳窑

曲阳窑地处今河北省曲阳县的涧磁村一带，其制瓷历史始于唐代，是宋代定窑的前身。早期的曲阳窑瓷器在造型上受邢窑瓷器的影响较大，主要有盘、碗、壶、盆等，后期所产瓷器较多地模仿上古时期的金银器造型，器型更加丰富。因为曲阳窑主要以柴木为燃料，以化妆土为原料，所以曲阳窑所产的白瓷胎体往往带有一点儿灰黄色或灰白色。这是曲阳窑瓷器的一个重要特征。

宋代　曲阳窑瓷罐

宋代　定窑白侍女和瑞兽雕像

定窑印花大碗

年代　宋代
规格　口径 18 厘米
　　　底径 8 厘米

定窑

定窑地处今河北省曲阳县的燕山村和涧磁村一带，因在宋代该地区隶属定州，故而得名。宋代的定窑是在唐代曲阳窑的基础上发展而来的，宋初所产瓷器主要是白瓷。到了北宋中期的时候，定窑的制瓷工艺达到鼎盛，其所产白瓷代表了北宋时期的最高水平，不仅造型工整，胎体洁白光滑，而且釉层坚细洁白，纹饰丰富多彩，是北方诸多瓷窑竞相模仿的对象。到了北宋后期，定窑在白瓷之外，也生产酱釉瓷、黑釉瓷和绿釉瓷，也就是后人所说的"紫定""黑定"和"绿定"，品质优良，颇具艺术性。在纹饰风格方面，虽然定窑瓷器的釉层非常轻薄，但是在装饰方面上却采用了印花、刻花、划花、剔花等技术，图案线条流畅粗犷，层次明晰，最为常见的图案有牡丹、萱草、莲花等花卉和孔雀、凤凰、鸳鸯等禽鸟，以及鱼、龙等动物。除此之外，定窑还首创了覆烧技术，从而使我国的制瓷工艺在节约燃料的同时，大大提高了生产效率，但这一技术的运用也使得定窑所产瓷器多有釉浆下流和芒口（口沿无釉）的现象。

汝窑

汝窑地处今河南省宝丰县，因该地区在宋代皆属汝州地区，故而得名。其制瓷历史非常短暂，仅在北宋一朝。在北宋初期，汝窑还是一个名不见经传的民间瓷窑，但是到了北宋后期，因为其所产瓷器的优良品质，而成为宋代名窑之一，专供宫廷用瓷。汝窑瓷器的胎体因为带有略微的灰色而被称为香灰胎，瓷胎非常轻薄，釉层均匀光滑，多为天青色，但是在不同的视角和光照条件下，在天青色之中还会带有不同的釉色，比如在较为灰暗的光照条件下，其天青色的釉色之中会显出略微的蓝色，但是在光照条件较好的条件下，它又会表现出青中带黄的釉色。除此之外，汝窑瓷器还首次将玛瑙入瓷，这样的瓷器多在底部带有细微的芝麻状的支钉痕。当然，汝窑瓷器还有一个明显的特征，那就是大多素面，较少带有纹饰。

宋代　汝窑瓷器

钧窑碗

年代　元代
规格　口径18厘米
　　　底径8厘米

钧窑

钧窑地处今河南省禹州市的钧台、八卦洞及神垕镇一带，其制瓷历史始于唐代，兴盛于北宋，衰落于南宋中后期。在唐代，钧窑所产瓷器还较为粗糙。随着时代的进步，钧窑制瓷工艺的不断发展，到了北宋时期，钧窑已经成为五大名窑之一，专门供应宫廷用器，后来随着各地瓷窑仿制之风的盛行，钧窑才逐渐衰落下去。钧窑隶属北方青瓷系统，但是有别于其他青瓷窑口，其所产青瓷注重釉色的多样化，但是在造型和纹饰等方面却并不重视，所以钧窑瓷器的釉色是绚丽多彩的，有青蓝色、葡萄紫、玫瑰红等，具有很强的观赏性。在釉料的选择上，与其他瓷窑多使用透明釉的情况不同，钧窑多使用乳浊釉，这种釉料使得钧窑瓷器的釉层凝厚深沉，绚丽多彩。

耀州窑青釉团花八角盘

年代 宋代
规格 口径 12 厘米

耀州窑

耀州窑地处今陕西省铜川市的黄堡镇一带，因在古代该地区隶属耀州，故而得名。其制瓷历史始于唐代，历经宋、辽、金各朝，一直到元代才逐渐衰落下去。耀州窑早期主要生产青瓷，后来随着时代的发展，在生产青瓷的同时也开始烧制黑釉瓷和白釉瓷。在造型、纹饰、釉色等方面，因为历时长久也多有变化。在唐代，耀州窑生产的瓷器胎体多为铁黑色或灰白色，质地较为粗糙，釉层之中多有气孔，这种情况一直持续到北宋初期，唯一不同的是釉色变化——由唐代的青釉变成青中泛黄或泛灰。但是从北宋中后期开始，耀州窑的制瓷工艺开始飞速发展。北宋后期，耀州窑所产瓷器的质地已经非常细腻，不仅胎体轻薄，而且釉层均匀，也没有了气泡，釉色多为橄榄绿，且具有玻璃光泽。南宋时期，耀州窑的制瓷工艺达到鼎盛，所产瓷器不仅造型优美，质地细腻，而且纹饰多样，布局严谨。但是，到了元代，耀州窑走向了衰落。

磁州窑

磁州窑地处今河北省邯郸市的观台镇和彭城镇一带，在唐代该地区隶属磁州，故而得名。其制瓷历史始于唐代，之后历经宋、元、明各代，直到清代晚期，因受西洋瓷器的冲击，才逐渐走向衰落。从出土的文物来看，早在唐代，磁州窑生产的瓷器就已经相当成熟。北宋中期，磁州窑的制瓷工艺更是达到鼎盛，成为各地瓷窑竞相效仿的对象。从瓷器的品种来看，磁州窑所产瓷器以白釉黑彩瓷最为出名。除此之外，白釉瓷、黑釉瓷、酱釉瓷和绿釉瓷等也有生产。早期的磁州窑瓷器胎体多为褐色或灰白色，质地也比较粗糙。到了鼎盛时期，磁州窑瓷器的品质就已经非常优良了，不仅质地细腻，釉层均匀，而且釉色多样，极具玻璃光泽。除此之外，磁州窑瓷器还具有一个普遍的特征，就是胎质疏松，手感较轻，这是由于磁州窑瓷器的胎体使用的是当地出产的高岭土。在造型方面，磁州窑瓷器也是丰富多样，不仅有碗、盘、碟等圆器，还有壶、瓶、盏等琢器，这些不同造型的瓷器无不新颖独特，兼具实用性和艺术性。

磁州窑白釉碗

年代 宋代
规格 口径15厘米
底径6厘米

褐彩蕨草纹执壶

年代　宋代
规格　高25厘米
　　　口径5厘米
　　　底径7.5厘米

南方名窑

瓯窑

瓯窑地处现今浙江温州、永嘉、瑞安一带，因临近瓯江而得名。瓯窑的烧制历史可以追溯到东汉时期，那一时期烧制的瓷器胎质较为粗糙，有的坯体还没有完全烧结，所以釉料和瓷胎结合得并不是非常牢固。魏晋时期，瓯窑烧制的瓷器才开始变得细腻起来，瓷胎多为白色，釉色多为淡青色，透明度较高，造型酷似越窑瓷器，但是冰裂纹却是其独有的。这一时期，瓯窑生产的瓷器中最为出名的就是“缥瓷”，较为常见的有瓷盘、瓷碗一类的瓷质器皿。隋唐时期，瓯窑多生产彩绘瓷，但是瓷器的釉色大多呈现为黄色或者淡黄色，瓷质密，胎釉结合得非常紧密，较为常见的纹饰有莲瓣纹、弦纹，造型独特，品质上乘。

婺州窑

婺州窑地处今浙江兰溪、金华、义乌、永康、东阳一带，在隋唐时期，这一地区隶属婺州，故而得名。婺州窑的瓷器生产最早可以追溯到东晋时期，这一时期生产的瓷器中最为出名的当属乳浊釉瓷，这种瓷器的最大特色就是在釉中或釉层的断裂处带有星星点点的奶白色。隋唐时期生产的瓷器品种多为花釉、黑釉、彩绘瓷等，其精致程度甚至可以与瓯窑媲美。宋代，婺州窑出产的瓷器已经多是精品，有很大的市场需求，这一时期制作的瓷器大多色泽青翠，极具光泽。

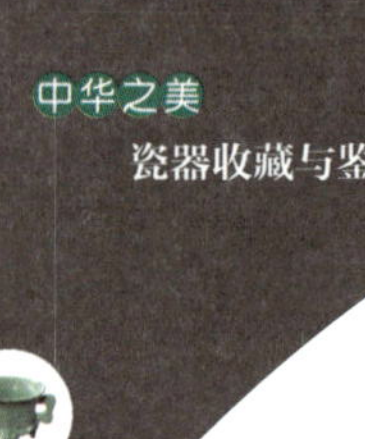

德清窑瓷器

德清窑黑釉鸡首壶

德清窑

德清窑地处今浙江德清县一带，故而得名。德清窑烧制瓷器的历史源远流长，最早甚至可以追溯到商代，也就是说，德清窑最早是原始青瓷的生产基地。晋代，德清窑已经不再单纯地烧制青瓷，还生产黑瓷。这一时期，德清窑生产的黑瓷大多瓷胎较薄，并且因为原料多杂质，所以瓷器表面多有淡黄、红褐、灰色的色斑。施釉技术也不太完善，许多瓷器的釉施加得不均匀，这都导致后来出土的这一时期的黑釉大多出现了裂痕，或产生脱釉的现象。到了南朝时期，德清窑就逐渐衰落了。

岳州窑

岳州窑地处今湖南湘阴县，在隋唐时期，湘阴县隶属岳州，故名岳州窑，又名湘阴窑。岳州窑制作瓷器的历史可以追溯到隋代。这一时期生产的瓷器，瓷胎大多呈灰白色，并且较薄，釉色多为青绿色，也有少量的青黄色，施釉均匀，因此瓷器大多光滑透亮。唐代中前期，岳州窑达到了鼎盛时期，因为市场需求量巨大，所以这一时期岳州窑生产的瓷器大多施半釉或只在瓷器口施釉。莲瓣纹、几何纹、草叶纹是这一时期的瓷器比较常见的纹饰。但是，因为距离长沙窑较近，唐代中期之后，岳州窑就逐渐衰落了。

寿州窑

寿州窑地处今安徽省淮南市的观家岗、余家沟一带，在隋唐时期，这一地区隶属寿州，故而得名。同岳州窑一样，寿州窑制作瓷器的历史也是从隋代开始的。寿州窑早期制作的瓷器以青瓷为主，釉色多于青色之中带有少许的黄绿色，施釉均匀，所以瓷器大都具有光泽感。唐代，寿州窑开始生产黑釉瓷和黄釉瓷，但是烧制时多采用氧化焰，因此瓷器烧制出来之后，因为氧化程度的不同，瓷器在黑或黄之中常常带有一定的杂斑。唐代中期之后，寿州窑逐渐衰落下去。

唐代　寿州窑短流执壶

唐代　长沙窑青釉褐彩贴饰花纹壶

长沙窑

长沙窑地处今湖南省望城县铜官镇一带，因此又名“铜官窑”。长沙窑制作瓷器的历史可以追溯到唐代初期，这一时期的瓷器多为单色瓷，瓷胎与釉料结合得并不牢固，所以常常会出现脱釉现象，釉色比较单一，纹饰也很简单。唐代中期，长沙窑开始烧制多色瓷，而且瓷器的烧制技术也有了很大提高，这一时期烧制的瓷器色调稳定，常常在青色之中带有略微的黄色。除此之外，瓷胎与釉料之间有了更为牢固的结合，纹饰也变得丰富多彩。因为市场需求量巨大，这一时期长沙窑的瓷器产量非常大，有的甚至远销海外。但是，从唐代末期开始，因为战乱的影响，长沙窑的瓷器制作开始走向衰落，最终停滞于五代时期。

洪州窑

洪州窑地处今江西省的丰城市，因为在隋唐时期这一地区隶属洪州而得名。洪州窑制作瓷器的历史可以追溯到东晋时期。洪州窑早期生产的瓷器以青瓷为主，釉色多为黄褐釉，质地比较粗糙，但是随着时代的发展，洪州窑的制瓷工艺也获得了长足的发展。唐代中前期，洪州窑已经成为唐代六大青瓷名窑之一，这里生产的瓷器不仅造型生动，而且表面光滑。除此之外，洪州窑生产的瓷器最大的特点就是它独特的纹饰。洪州窑在生产瓷器的过程中，能够熟练地采用刻花、剔花、镂空、模印等装饰技术，从而雕刻出线条明朗的纹饰，比如水波纹、莲瓣纹、印模梅花纹等。洪州窑生产的瓷器还有一个显著的特征，就是大多数瓷器的底足都是没有施釉的。根据相关专家的研究考证，洪州窑的制瓷历史止于唐代晚期。

洪州窑茶盏托

哥窑

哥窑地处今浙江龙泉市，但具体位置至今依然存有争议，是我国历史上最具神秘色彩的瓷窑之一。也因为如此，哥窑的制瓷历史，乃至名字的由来，至今依然无法确定，但粗略上看，其制瓷历史大概是从南宋到元末明初。哥窑瓷器具有三个比较独特的特征：紫口铁足、金丝铁线、聚球攒珠。“金丝”和“铁线”是指因为空气氧化而形成的黄色或黑色的开片。哥窑瓷器所采用的釉料与瓷胎的膨胀系数存在较大差异，所以哥窑瓷器在烧制出来之后的两年时间内，釉会开裂，从而形成各种裂痕和开片，开片在经过空气的氧化之后就会形成不同颜色的“金丝”和“铁线”。哥窑制作瓷器的坯体大多呈紫黑色或棕黄色，这些坯体在经过窑烧之后，瓷器的口部往往会因釉下垂而导致该部位因为釉层过薄而出现紫色或黄褐色的色彩，这就是“紫口铁足”。而“聚球攒珠”则是说哥窑瓷器的釉层中含有整齐细密的气泡，这也是哥窑瓷器的一个显著特点。在南宋时期，哥窑瓷器的烧制工艺与官窑的制瓷工艺代表了该时期的最高水平，因其造型优美、质地优良而备受后人推崇，其仿制作品也是层出不穷。

哥窑瓷碗

哥窑莲花碗

哥窑葵花洗

宋代　官窑香炉

官窑天蓝三足圆炉

南宋官窑

南宋时期的官窑，地处今浙江杭州。从出土的官窑瓷器上看，它们都带有一些显著的特征，比如紫口铁足、开片等。其中，紫口铁足是瓷器口部和底部的釉料在烧制过程中下流而露出瓷胎造成的，开片则是釉料和瓷胎的膨胀系数差异过大造成的，这些特征与哥窑瓷器具有一定的相似性。器型方面，官窑瓷器大多模仿古代瓷器的造型，主要有瓶、碗、洗等，瓷胎大多比较厚重，最为常见的颜色为紫色、深灰或黑色，并且多施以粉青、月白、黄色等釉料，文雅经典，优美独特。

建窑

建窑地处今福建省南平市建阳区的水吉镇一带，其制瓷历史最早可以追溯到晚唐时期。这一时期的建窑主要烧制的瓷器种类是青瓷，瓷胎较厚，釉色多为黑色。五代十国时期，在烧制青瓷的同时也开始烧制青白瓷。这一时期，建窑烧制的瓷器因原料中含有较多的铁，所以在经过高温窑烧之后，釉层上往往会产生各种形态的结晶，这些结晶对瓷器起到了很好的装饰作用，这也是这一时期建窑瓷器的一个显著特征。宋代，建窑开始衰落下去。

越窑鸡首壶

三国　越窑瓷器

越窑

越窑地处今浙江省的上虞、余姚、绍兴、萧山、慈溪、宁波等地。其制瓷历史从东汉时期一直持续到唐代，是我国南方的制瓷中心，其鼎盛时期所产青瓷更是代表了我国南方青瓷的最高水平。越窑瓷器的发展历史可以划分为早、中、晚三个阶段。从东汉到隋代的早期阶段，越窑瓷器大多胎体厚重，釉色以黄釉为主，纹饰以弦纹、水波纹和莲瓣纹最为常见，瓷器多为日用品和陪葬品。从唐代到北宋中期，越窑的制瓷工艺达到鼎盛，不仅生产出众多的精品青瓷，还创制了秘色瓷。除此之外，该时期的越窑瓷器在造型、纹饰和釉色等方面也更加丰富。北宋中后期是越窑瓷器的衰落期，这一时期，越窑所产瓷器不仅数量在逐渐减少，而且品质也日渐下降，少有精品之作。

龙泉窑白瓷盏托

龙泉窑

龙泉窑地处今浙江省龙泉市。其制瓷历史从魏晋时期一直持续到清代，中间历经兴衰，制瓷风格也是几经变化。魏晋时期的龙泉窑瓷器深受瓯窑、越窑、婺州窑的影响，瓷胎较为厚重，瓷质也比较粗糙，釉层略薄，颜色以淡青色为主。五代十国和北宋时期，龙泉窑瓷器的瓷胎依然厚重，但瓷质变得细腻了很多，釉层虽薄，却光滑均匀，釉色也从淡青色变为青黄色。明代，龙泉窑的制瓷工艺达到了鼎盛，不仅种类丰富，产量巨大，且瓷胎厚重，釉层均匀纯正，质地细腻，纹饰风格丰富多彩，多为精品之作。清代，龙泉窑开始衰落，不仅产量逐渐减少，质量也大不如前，少有精品之作。龙泉窑是继越窑之后，最具有代表性的南方青瓷瓷窑，在造型和工艺上都独具特色，代表了我国青瓷的最高水平，所产青瓷也是我国外销瓷器的主要品种，在对外文化交流中起到了不可忽视的重要作用。

吉州窑

吉州窑地处今江西省吉安市永和镇，故又名“永和窑”。其制瓷历史从唐代一直持续到元代末期，而南宋时期是吉州窑的鼎盛时期。吉州窑瓷器最为显著的特征就是似陶非陶，这是因为吉州窑瓷器的制瓷原料中含有较多的沙，这种含沙量较高的制瓷原料烧制出来的瓷器质地较为疏松，所以看上去酷似陶器。吉州窑主要烧制白瓷，在釉料选择、纹饰风格等方面均表现出多样化的特征。

玳瑁釉罐

年代 宋代
规格 高 11 厘米
口径 12 厘米
底径 3.2 厘米

建阳窑黑釉碗

德化窑

德化窑地处今福建省的德化县，故而得名。其制瓷历史最早可以追溯到唐末五代时期，早期以生产青白瓷为主，瓷器在造型上多模仿商周时期的青铜器，严整质朴，胎薄质坚。宋元时期，德化窑开始兴盛起来，瓷器较多地受到龙泉窑的影响，在制作青白瓷的同时，也生产彩绘瓷和青花，造型上开始表现出多样化的趋势，胎质细腻，釉色多样，晶莹厚重，品质优良。明清时期，德化窑开始衰落，虽然产量依然巨大，但精品已经非常少见。德化窑所产瓷器一直是以外销为主，所以在国内出土的并不是很多，也是这个原因，到了明清时期，德化窑瓷器多带有一定的异域风格。

建阳窑

建阳窑又名“建窑”，地处今福建省建阳市水吉镇芦花坪一带。其制瓷历史始于唐代晚期，从北宋时期开始走向兴盛，到元代前期达到鼎盛，之后逐渐衰落，到清代停烧。建阳窑的早期瓷器多供民用，随着时代的发展，建阳窑制瓷工艺的不断改善，到了宋代，建阳窑开始为宫廷烧制瓷器。元代，是建阳窑最为鼎盛的时期，建阳窑瓷器甚至还在外销瓷器中占有相当大的比例。从出土的建阳窑瓷器来看，它们的胎色以紫黑色和黑灰色为主，这是因为瓷胎中的铁含量较高，釉色以黄褐色、蓝褐色和银灰色为主，因釉浆在瓷器烧制过程中下流而多在表面形成水滴状的流痕，造型以盏、碗为主，但大小、造型、纹饰多有不同。

景德镇青花荷叶口碗

年代　清代
规格　口径 20 厘米
　　　底径 7 厘米

景德镇窑

景德镇窑地处今江西省景德镇市，唐代至民国时期的众多瓷窑遗址遍布其中，比较著名的有崔公窑、湖田窑、明清御窑、周窑等。元代文人蒋祈在《陶记》中这样写道："景德镇有窑三百余座……"可见当时景德镇瓷窑的规模之大。至于景德镇的制瓷历史，更是源远流长。根据相关专家的考证，景德镇从南朝时期就已经开始烧制青瓷了；唐代中后期，在烧制青瓷的同时，也开始烧制白瓷；宋代，又开始烧制青白瓷，因为品质优良，造型优美，而专供宫廷用瓷；元代，景德镇瓷窑创制出世界闻名的青花瓷、卵白釉瓷和釉里红瓷；明清时期，又创制出釉下彩瓷和釉上彩瓷等新的瓷器品种，并且产量巨大，成为中国的瓷都。景德镇瓷器因为历时长久，所产瓷器在造型、纹饰、品种等方面也几经变化，具有各自不同的时代特征。比如，宋代景德镇所产的瓷瓶多为青白瓷，釉色青中见白，白中泛青，晶莹透明，瓷胎轻薄，多采用印、刻、贴花等装饰技巧，造型多为盒、碗、盘等日用器皿；元代，景德镇生产的瓷器中最为常见的则是釉里红瓷、卵白釉瓷和青花瓷，造型多为杯、瓶、罐等琢器，在纹饰风格方面，多采用印花技术，并且刻痕大多较深；明清时期的景德镇瓷器则以釉下彩瓷和釉上彩瓷最为出名，不仅胎质细腻，釉色晶莹，而且纹饰精美，造型精巧，具有极高的审美价值。时至今日，景德镇的瓷窑还在烧制着高品质的瓷器，这些"国瓷"已经享誉全球，畅销海内外了。

第四章

瓷器的时代特征

原始瓷刻竖条纹双系罐

年代 战国时期
规格 高 14 厘米
口径 8.8 厘米
底径 12.2 厘米

商周至两汉瓷器

早在新石器时代晚期，就出现了白陶和印纹硬陶。这两种陶器的出现，说明商代制陶技术已经孕育出产生瓷器的可能性了。原始瓷出现于商代，盛行于商周战国时期，到东汉真正成熟的青瓷出现后，原始瓷便完成了自己的使命，退出了陶瓷舞台。商代原始瓷数量不多，造型主要以仿青铜礼器的樽、簋、壶、口、盂、豆、罐、鼎等为主。

商周瓷器

随着制陶工具的逐步改良、工艺水平的不断提高以及对制陶原料的深入了解，人们渐渐烧制出一些初步达到瓷器标准，但在一些方面又不够完善的器物，这就是原始青瓷。

商周时期是从陶器过渡到瓷器的渐进阶段，也是原始青瓷的发生发展阶段。当时有一部分陶器用高岭土做胎体原料，这一方面提高了烧成温度，使胎质细致、不渗水，另一方面也使胎体的颜色由深变浅，提高了洁白度。胎体表面施一层用草木灰和瓷石配制而成的高温釉，经过 1200℃以上高温烧制后，胎釉结合在一起，使器物具备了瓷器的条件。但当时制作工艺水平低下，胎中还是有一定量的铁元素，在略低的温度中烧结，颜色较深，透光性较差。因工艺不稳定，铁含量和烧成温度不能自如控制，釉色也不好掌握，所以具有一定的原始性。

商周到西汉这一时期的原始青瓷所涂的釉是用石灰石加黏土配制而成的，在氧化气氛中烧成，由于含铁元素，所以呈青绿、黄绿、灰绿、褐绿等颜色。器表多拍印米字纹、方格纹、麻布纹、圆圈纹、曲折纹、叶脉纹、篦纹、水波纹、云雷纹等纹饰。主要器型有樽、豆、瓿、盂、罐、盖罐、提梁壶、鼎、瓮、簋、口、杯、钵等，绝大部分器型仿当时的青铜器器型而作。

青釉划花双系罐

年代　西周时期
规格　高 13.1 厘米
　　　口径 8.4 厘米
　　　底径 8.3 厘米

春秋时期　印纹陶卣

◎ 原始青瓷与印纹硬陶

与原始青瓷同期流行的陶瓷还有一种印纹硬陶，它使用的原料也是瓷土，但淘洗得不精细，而且含铁量高于原始青瓷的原料，烧成温度为 1150 ~ 1200℃；因含铁量较高，胎色稍深，一般为深褐、黄褐、紫褐等色；有的因烧成温度较高致使胎器表面烧结，有和釉相似的光泽，但质地很粗糙。

印纹硬陶表面拍印的纹饰及印制方法也应用于原始青瓷。烧窑遗址中经常发现原始青瓷和印纹硬陶同出于一窑。有的印纹硬陶烧得恰到好处，而原始青瓷却因火候不够没有烧结，夹生了；有的原始青瓷烧得很好，印纹硬陶却因过火而烧塌了。这说明原始青瓷和印纹硬陶除了所用原料淘洗粗细程度不同外，烧成温度也是有区别的。由于印纹硬陶质地粗糙，又没有釉，多作贮藏器皿，而原始青瓷略微精细一些，又有釉，多用作食器。这时期原始青瓷的另一个特点是品种减少，与印纹硬陶在品种、用途方面有着明显的分工。

原始青瓷以碗、盘、盅等饮食器皿为主，印纹硬陶则以罐、坛、钵等贮器为主。推测分工的原因有二：一是印纹硬陶胎骨坚硬厚重，表面粗糙无釉，宜于盛贮食物；原始青瓷胎质细腻，器型规整，器表有光滑的釉层，清洁美观，利于口唇接触且便于洗涤，因而把它做成食器。二是现已发现的春秋晚期至战国的窑厂，多数都是原始青瓷与印纹硬陶在同一个窑厂生产，便于原料、器类与产量的合理调整与安排，以满足不同消费者的需要。

春秋时期　水波纹陶罐

原始青瓷罐

原始瓷青釉划花双系壶

年代　西汉时期
规格　高 32.5 厘米
口径 14.2 厘米
底径 13.6 厘米

两汉瓷器

东汉时期，浙江地区的窑厂已生产出真正的瓷器了。遗址挖出的瓷片透光性较好，吸水率低，表面施釉较厚，釉层透明，有光泽，胎釉结合紧密，是在 1260 ~ 1300℃的高温下烧成的，已经具备瓷器的各项基本条件。因此说，中国真正的瓷器应产生于东汉。

东汉时期的原始青瓷制作精细，胎色多为灰白色，施釉方法已改为浸釉法，生活用器如碗、盘、罐、盘口壶等成为主流。东汉青瓷在造型和装饰上与原始青瓷很相似，但是在胎釉的化学组成以及烧成温度等方面则有本质的不同。

东汉青瓷胎质致密坚硬，胎色多为灰白或淡青灰色，瓷化程度较高，敲击声音清脆；釉层均匀，胎釉结合紧密，仅个别器物有剥釉、积釉现象；釉色青绿，也有些为青黄，但釉面匀净。由于瓷土中含较多的铁，以当时的技术条件而论，尽管淘洗很仔细，仍残留一部分，因此当时一般瓷器的胎中都含有少量的铁成分。早期的东汉青瓷，其釉是含钙的石灰釉，以铁为着色剂，入窑烧造时如果空气流通，进氧很多，形成氧化气氛，釉中的铁遇到空气中的氧，烧出来呈黄绿色；如果不让空气进入窑内，则窑中形成还原气氛，烧出来的瓷器就是青绿色。因此，我国最早出现的瓷器为青瓷。

◎ 陶瓷之路

进入汉代以后，著名的“丝绸之路”打开了中外文化交流的大门，中国逐渐被誉为“丝国”。进入中世纪后，伴随着瓷器的外销，中国又开始以“瓷国”享誉于世。从8世纪末开始，我国陶瓷开始向外输出，经晚唐五代到宋初达到了一个高潮。这一阶段输出的陶瓷品种有唐三彩、邢窑白瓷、定窑白瓷、越窑青瓷、长沙窑彩绘瓷和橄榄釉青瓷。宋元到明初是我国陶瓷输出的第二个阶段。这时向外国输出的瓷器品种主要有龙泉窑青瓷，景德镇青白瓷、青花瓷、釉里红瓷、釉下黑彩瓷，吉州窑瓷，赣州窑瓷，福建、两广一些窑所产的青瓷，建窑黑瓷，浙江金华铁店窑仿钧釉瓷，磁州窑瓷，定窑瓷，耀州窑瓷等。明代中晚期至清初的200余年，是我国瓷器外销的黄金时期，输出的瓷器主要有景德镇青花瓷和彩瓷、广东石湾瓷、福建德化白瓷和青花瓷、安溪青花瓷等。其中较精致的外销瓷多是国外定烧产品，其造型和装饰图案多为西方风格，还有些在纹饰中绘家族、公司、团体、城市等图案标志，称为纹章瓷。这时期的外销瓷数量很大，17世纪时每年输出约20万件，18世纪最多时每年可达百万件。中国瓷器成为世界性的商品，对促进不同地域文化的相互交流具有积极作用。

绿釉陶壶（一对）

年代　汉代
规格　高39厘米

两晋时期　瓷壶

三国两晋南北朝瓷器

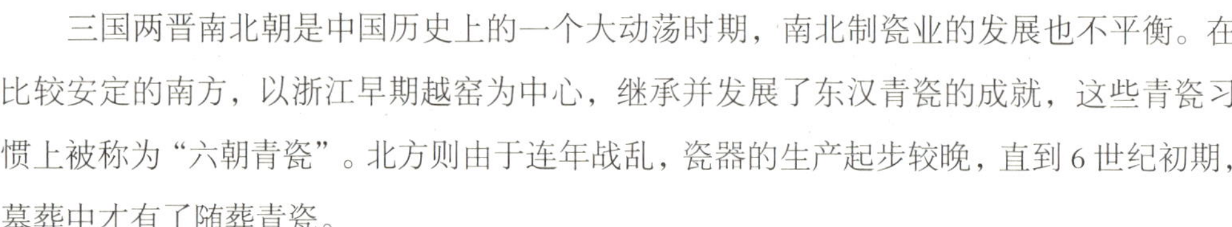

三国两晋南北朝是中国历史上的一个大动荡时期，南北制瓷业的发展也不平衡。在比较安定的南方，以浙江早期越窑为中心，继承并发展了东汉青瓷的成就，这些青瓷习惯上被称为“六朝青瓷”。北方则由于连年战乱，瓷器的生产起步较晚，直到 6 世纪初期，墓葬中才有了随葬青瓷。

三国瓷器

三国时期（公元 220—265 年）的越窑瓷器胎质坚致，优质瓷的胎色呈淡灰色；釉面青亮光润；纹饰较少，只有划或印的网格纹、弦纹、水波纹等，贴塑、模印纹则比较丰富，如在谷仓上贴塑出人物、动物、飞禽、龟蛇、佛像、建筑物、铺首等。另外，还有一些雕塑艺术造诣很高的瓷器作品，如青瓷熊灯、青瓷羊形烛台等。

三国时常见的器型有碗、盘、碟、盒、罐、洗子、盘口壶、钵、盆、水盂、虎子、唾壶、耳杯及殉葬用的灶、鸡笼、犬、羊、猪圈、谷仓等明器。

两晋瓷器

西晋时期（公元 265—317 年）的瓷器还是以越窑为代表，胎体普遍比三国时略厚，色灰；釉面厚而均匀，呈青灰色，有的偏黄；装饰方法主要为压印、刻花、贴塑、模印、捏塑等；常见的纹饰有网格、联珠、忍冬、菱形、锯齿、水波、梳篦、楼阙、舞乐人、祈祷人、禽鸟、家畜、佛像、铺首、辟邪、朱雀、白虎、人物等；器型除了三国时已有的盘口四系壶、洗、盆、虎子等，还有扁壶、鸡首壶、樽、熏炉、灯、瓷俑等。器形矮胖，盘、碗、钵等器口沿略薄，但底很厚，器足多做成兽蹄、熊形、龙首、虎头等形状。优秀之作常把器物巧妙地雕塑成鸟兽等形状。西晋时少数青釉瓷器上有不规律的褐色斑点，它们看起来就像无意间点染的一样，十分自然。

东晋　瓯窑牛形点彩灯

东晋　越窑青瓷唾壶

东晋　越窑青瓷水盂

东晋（公元 317—420 年）青瓷的胎釉情况与西晋相似，但在装饰上却截然不同。西晋纹饰追求华丽，而东晋趋于简朴，光素无纹的瓷器很多，有的只有几道凸弦纹或梳篦水波纹。继东汉瓷器上出现了莲瓣纹之后，东晋晚期使用渐多。另外，西晋后期出现的不规则褐色斑点，东晋时也普遍使用。这时的褐色斑点一般有规律地点在器物的口沿、器盖或兽眼、鸡冠、羊角等部位。东晋时也有一些动物形象的樽、水盂、砚滴等，但已不是西晋时的写实样子，比如蛙形水盂，只是在水盂上塑出蛙首及四肢或干脆简单画几笔。

南北朝　青釉六系盘口壶

南北朝瓷器

南北朝时期（公元420—589年）佛教盛行，表现在瓷器上是大量使用莲瓣纹。既有在碗、盘、钵、罐上画单线、双线或三线莲瓣的，也有用褐色斑点点绘简单纹饰的，还有浮雕贴塑仰莲、覆莲的大樽。南朝瓷器胎体细密，广泛使用化妆土，加上烧窑技术的提高，釉面颜色青翠，玻璃光很强，有很细碎的开片。施釉一般采用浸釉法，因此釉层较厚，施釉不到底，有垂流现象。南朝器物普遍瘦高，造型优美，盘、碗、罐大多还是平底，但已出现假圈足。这时的鸡首壶，鸡头比东晋时还要高，鸡冠耸起，嘴部有孔，有的和腹部相通，已起到引流的作用，把手连接盘口的一端比东晋时更高，也有做成把柄的。南朝时出现的盏、盏托及盅盘是由汉代的耳杯及托盘演变而来的。南北朝时，南方青瓷渐渐传入北方。出土文物证明，北魏晚期北方已经能够生产瓷器了。北朝制瓷工匠的最大功绩是创烧出了白瓷。北朝瓷器一般实用品较多，常见的有盘、碗、杯、缸、瓶、壶、盒、罐、灯等，大多数光素无纹，有简单的弦纹、寥寥无几的划纹或捏塑花边，部分有纹饰的多划、贴、塑莲瓣，有的莲瓣尖部凸出翘起，纹饰多粗犷稚拙。壶、罐、瓶、樽多塑二、三、四、六不等的系，方系、桥形系、泥条系均有。北朝也有鸡首壶，鸡头高昂，露出胸脯，相对处龙柄连肩，龙头扎进盘口，作饮水状。

瓷器

隋代瓷器

隋统一了中国，结束了魏晋南北朝以来连年争战的局面。隋代的瓷器仍以青瓷为主，也有一定数量的白瓷。隋代瓷器的胎体普遍较厚，胎质坚硬，釉面无论青绿、青黄还是黄褐，均为玻璃质，施釉不到底，大多数都有垂流现象。隋瓷大多光素无纹，部分带纹饰的主要以印、划、贴为主。常见的纹饰有团花、草叶、莲瓣、卷叶、波浪和弦纹等。隋代瓷器器型主要有四系或六系盘口壶和罐、龙柄鸡首壶、唾壶、多格盘、五盅盘、高足盘、瓶、砚和碗等。

青釉盘口瓶

年代 隋代
规格 高 32.5 厘米
口径 6.6 厘米
底径 9.2 厘米

青瓷是隋代瓷器生产的主要产品，一般是在还原焰中烧成，因为还原焰烧制的技术还不成熟，所以釉色并不稳定。在南方和北方均有青瓷瓷窑发现，如河南安阳窑、巩县窑，河北磁县贾壁村窑，安徽淮南窑，湖南岳州窑等。

隋代　黄釉钵

黄釉双耳罐

年代 唐代
规格 高 20 厘米
口径 8 厘米
底径 10 厘米

唐代瓷器

瓷器的使用在唐代更为普及，唐代制瓷业出现了空前繁荣的局面，烧造技术迅速发展。瓷制的茶具、餐具、酒具、文具、玩具、乐器，以及实用的瓶、壶、罐等各种器皿几乎无所不有。在唐代，各个地方形成了不同风格的瓷窑体系。《陶录》称："陶至唐而盛，始有窑名。"这时各地制瓷中心有了窑名，反映出唐代瓷业的兴盛和多样的艺术风格。唐代青瓷以越窑和长沙窑最为著名。

唐代早期越窑瓷器胎体呈淡灰色，紧密坚致；釉层很薄，均匀缜密，温润似玉，多为青绿色，有的略闪黄。器型还带有隋代的风格，立型器多瘦高，碗多浅腹，口、腹垂直，下腹斜折内收，平底。唐中晚期的越窑瓷，胎体比以前更致密，灰白色，釉面匀净光润，有鳝鱼黄、淡青和青绿等色，通体施满釉。这时的碗、盘多撇口，底足宽矮，像玉璧，有三、五、七个不等的方形或条形支钉痕。晚唐时出现了荷叶式或花口式盘和碗，瓷器装饰以光素为主，也有划、刻、堆贴和镂空纹饰的，以划花为多，常见纹饰是花鸟、水草和人物。

唐代 白瓷罐

长沙窑主要生产一些生活及文房用品，还有玩具、瓷俑等，种类很多。长沙窑瓷胎细密坚致，瓷化程度较高，胎色有灰白、灰黄、青灰、灰红及肉红；釉面润泽，以青色为主，也有蓝、绿、酱、褐、黄等颜色；装饰品种极为丰富，有釉下彩斑、釉下彩绘、印花、贴花、贴花彩斑、刻花、雕刻、镂空等。

五代　越窑青瓷粉盒

五代瓷器

五代前期的瓷器造型较多地沿袭了晚唐风格。其白瓷以唇口碗、花瓣口盘为多见。唇口碗因口缘凸出如唇而得名，晚唐时开始出现，底足有玉璧与宽圈足两种，五代时继续烧制。有相当数量的白瓷上划有“官”“新官”字款，这是晚唐、五代白瓷中常见的现象。五代越窑青瓷中虽然出现为数不多的刻划简单的花纹和釉下褐彩装饰，但不怎么流行，北方白瓷同样出现了少量的刻花装饰，但仍以光素者居多。瓷器造型也沿袭了晚唐风格，如瓜形壶、花瓣形茶碗，但制作均比前朝精巧优美、丰富多样。

辽代瓷器

辽代瓷器可分两大类，即中原类和契丹类。中原类型的瓷器有从北方流入契丹的，也有北宋工匠流落到辽地后在当地烧造的。这一类瓷器的主要器型有注壶、温碗、盖罐、小罐、盏托、长颈壶、花口碗、唾盂、香炉、盘、碟、杯等，做工精细，釉润似玉，颜色白中闪黄，外壁多刻莲瓣纹，有的底足阴刻“官”“新官”“尚食局”等款。一般来说，白瓷胎稍厚，釉略粗，呈牙白色，多光素无纹。契丹类型的瓷器具有该民族的风格，主要器型有鸡冠壶、长颈瓶、凤首壶、穿带壶、鸡腿瓶、海棠式盘等，时代越晚，契丹式瓷器越少。鸡冠壶是辽瓷中最有特色的类型，它的原型是契丹族游牧时用以盛水或奶的皮囊壶，最早的鸡冠壶完全模仿皮囊壶，皮革缝制的痕迹都很逼真，甚至还堆出皮绳、皮扣；时代越晚，皮囊壶的特征就越少，有些仅成为装饰。按辽代陶瓷胎质的性质、质量做一个概括性的分类，可把辽代陶瓷胎质具体分为三大类：第一类是高温陶胎，包括辽白细瓷胎、粗瓷和缸胎三种；第二类是半瓷半陶胎，包括白砂胎、粉砂胎和香灰胎三种；第三类是低温陶胎，包括红陶胎、黑陶胎、灰陶胎、白陶胎和粉陶胎五种。

青瓷罐

年代　辽代
规格　高 28 厘米
口径 10 厘米
底径 12 厘米

辽代的高温陶胎耐高温，瓷化度较高，坚固性能好。但辽白细瓷胎和粗瓷胎、缸胎在质量上相差甚远，所制瓷器的质量差别很大。辽白细瓷胎有多种彩釉器物，但以白釉器居多，黑、紫等彩釉器较为少见。辽白细瓷胎的制瓷原料精良，颗粒小，密度大，十分细腻，调制成的瓷浆黏性好，含杂质较少，色泽也较为纯正，有的胎质呈青白色，有的呈牙白色，有的近于纯白色。辽白细瓷胎质是辽瓷中最精良的胎质，所造器物以盘、碗等圆器居多，也有一定数量的瓶、壶等琢器。

辽代　青瓷罐

“契丹”之名，最早见于《魏书》。契丹属东胡族系，是鲜卑族的一支。契丹部落“起于汉末，盛于隋、唐之间”。契丹建国后以“辽”为国号，过着“随水草，就畋猎，仰酪，车帐为家”的游牧生活。随着中西文化交流的深入，西方的蔬菜水果被大量引种，游牧民族的饮食结构发生变化，变得更加丰富多彩。辽代瓷器生产颇为发达，质地、色彩和形制都具有特色，而契丹人的饮食结构也在一定程度上影响了辽瓷器型的发展，其中最具有特色的器具是鸡冠壶，它朴素粗犷的风格反映了契丹人豪放的气质。

宋代瓷器

宋代是我国陶瓷发展史上一个非常繁荣的时期。现在已发现的古代陶瓷遗址分布于 170 个县，其中宋代窑址就有 130 个县，占总数的 75%。陶瓷史学家们通常将宋代陶瓷窑大致概括为六个瓷窑系，分别是：北方地区的定窑系、耀州窑系、钧窑系和磁州窑系；南方地区的龙泉青瓷系和景德镇的青白瓷系。这些窑系，一方面受其所在地区使用的原材料的影响而具有特殊性，另一方面，又因为受政治理念、文化习俗、工艺水平的制约，而具有共同性。下面我们简单介绍下当时著名瓷窑的瓷器特点。

定窑瓷器

定窑瓷器代表了唐宋白瓷生产的最高成就。定窑出产的瓷器釉色白中闪黄，釉中有流痕及竹丝刷纹。以白瓷为主，兼有酱釉、绿釉和黑釉，以刻划花工艺为主。因采用覆烧工艺，大多数有芒口现象。

磁州窑瓷器

磁州窑瓷器胎体以灰色、黄色为主。产品以白瓷、黑瓷和白地釉下黑、褐彩绘为主，工艺有划花、剔花等。宋代釉上彩对明清釉上彩的发展有一定影响。

耀州窑瓷器

耀州窑瓷器多灰白色胎。釉色匀净，圈足多见姜黄色斑块。背饰以刻花为主。多青瓷，也烧酱色釉瓷。代表了宋代刻划花的最高成就。

钧窑瓷器

钧窑瓷器多见深灰色胎，还有黄色胎、白色胎等。利用还原铜的原理烧制了各种窑变釉，釉色有玫瑰紫、海棠红、茄皮紫、鸡血红、火焰红、天青、天蓝、月白等。以蛋白石光泽的青色为基调，釉水呈乳浊状，不透明，玉质感强。

官窑瓷器

官窑瓷器胎色有灰、黑和米黄色等多种。釉色有粉青、米黄等，通常有“紫口铁足”现象，但灰胎、米黄色胎除外。

磁州窑嘟噜瓶

年代　宋代
规格　高 25 厘米
　　　底径 12 厘米
　　　口径 5 厘米

耀州窑青釉刻花碗

年代　宋代
规格　口径 15 厘米

宋代　白釉小罐

宋代　官窑瓷壶

宋代　单色青兰釉罐

哥窑瓷器

哥窑瓷器胎体有黑、深灰、浅灰、土黄等多种。釉色有粉青、灰青、米黄色。器身以纹片做装饰，俗称“文武片”，其中纹片大小结合，黑褐两色，俗称“金丝铁线”。

龙泉窑瓷器

龙泉窑瓷器胎体多见白、灰白、黑、灰黑等数种。釉色有粉青、米黄、月白等，以梅子青、粉青为代表釉色。

景德镇窑瓷器

景德镇窑瓷器主要烧制青花瓷。瓷器胎薄质坚，釉厚处可见鸭蛋青色。生产的品类众多，有钵、盘、碗、瓶等。

宋代　官窑弦纹壶

宋代　白釉小碗

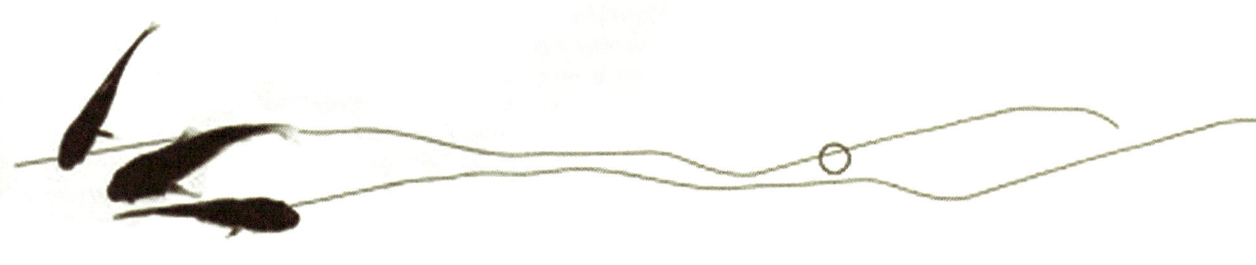

西夏瓷器

西夏瓷器的生产受宋、金定窑和磁州窑的影响较大，品种主要有白瓷、黑瓷、青瓷、黑釉剔花瓷等。它们的特点是：瓷胎较粗，多数呈浅黄褐色；白瓷釉面有冰裂纹，釉面不甚光洁，胎釉之间常施有化妆土。

西夏瓷器常见的器型有碗、盘、长颈瓶、杯、小釜、扁壶等，有些造型与宋、金瓷器相似，也有些具有当地特色。例如长颈瓶，造型与宋代的梅瓶相仿，但它的特点是小口、折肩、暗圈足，与梅瓶圆肩的做法显然不同；再如扁壶，壶身为圆形，上有小口，除底圈足外，正反两面正中还各有一圈足，壶的两侧有两耳或四耳，供系绳用。另外，西夏一些盘、碗类器物还有“挖足过肩”（即圈足内侧高于外侧）的做法，也比较有特色。鸡壶、穿带壶都是仿游牧民族的皮囊壶的造型。

西夏　扁壶

西夏　瓷器

金代瓷器

金代瓷器分前后两个时期。金代前期的陶瓷生产主要在东北地区，窑址主要在海宁抚顺的大官屯和辽宁辽阳的江官屯，绝大多数为日用粗瓷，无论黑釉、白釉、酱釉、茶叶末釉，还是白釉黑花瓷，釉面都很混浊，瓷器胎体粗厚，烧结程度不高。成型工艺粗糙，造型极不规整。主要器型有碗、碟、盘、瓶、罐、壶等，其中壶和罐一般有双系、三系或四系。金代后期的陶瓷，是指经过连年战争，金人占领北方大片土地以后，恢复北宋因战争被破坏的瓷窑所生产的瓷器，主要有钧窑、耀州窑、定窑、磁州窑等。

宋室南迁后，河南禹县的“官钧”被废弃，随着金政权的逐渐巩固，恢复了民用钧窑的生产。从金代墓葬出土的钧窑瓷器看，以盘、碗、盆为多，梅瓶、炉、匜也时有发现。

磁州窑磁枕

年代 金代
规格 长30厘米
宽10厘米
高15厘米

金代钧瓷和北宋钧瓷的相同点是胎体致密，薄厚适度，釉面细密、稍薄、呈灰色。两者的区别包括：一是金代钧瓷的生活日用瓷多，陈设瓷少（这点也是官、民窑之间的区别）；二是金代钧瓷釉面色彩不如北宋的绚丽多姿，北宋钧瓷釉中所含各种金属元素在高温还原气氛中呈现不同的色彩，没有定式，非常自然，而金代钧瓷色彩比较单调，或天蓝，或月白，或灰青，偶尔有紫斑，所占面积均不大，而且可以看出人为的痕迹；三是金代钧瓷盘、碗、匣、钵等圆器底部多数有釉，但不能完全覆盖底足，有露胎现象，圈足一般无釉，多酱色，而北宋钧瓷底足满釉，圈足涂不均匀的酱色釉。金代钧瓷打破了宋代钧窑的“御用戒律”，从贵为祭天、御用的王室代言、权力尊严的象征，走向了民间，这是钧瓷的第一次重返社会，也为以后钧瓷的多元化发展开创了先河。另外，钧瓷也由此借鉴了定窑、汝窑、耀州窑等瓷窑的优秀风格，开启了印花、刻花、浮雕等装饰艺术，以其浓郁的文化色彩，在走向民间的同时，也激起广大窑工从业的积极性，进而扩大了钧窑的发展范围。至元代，形成了庞大的钧窑系，即天青、天蓝底色上点饰红斑。钧瓷因此成为实用的美术陶瓷。

金代　黄釉笔洗

金代　黑釉线条罐

金代磁州窑瓷器胎质略粗，釉面闪黄，精细产品釉子光润。装饰品种以白釉绘黑花最为常见，也有白釉划花、黑釉铁绣花、黄绿釉（俗称金三彩）及白釉、黑釉等。主要纹饰有草虫、莲瓣、鱼鸭、虎鹿、花鸟、婴戏、人物故事等。图饰寥寥几笔，生动潇洒。主要器型有罐、瓶、盆、枕、碗、盘、碟、酒盅、三足炉等。

金代瓷枕很多，枕面常绘以花卉以及山水楼台为背景的人物故事，如"陈桥兵变""携琴访友""婴戏垂钓"等。形制和北宋的相差无几，个别器物略大一些。枕底一般有"张家造""张大家造"字样的戳印款，用长方形双框圈起来，上有荷叶覆盖，下有仰莲托起。虎形枕是金代的创新品种。枕呈卧虎形，四周用黄褐彩绘出怒目圆睁的虎头和斑斓的皮毛，背做枕面，腰圆形，用墨彩绘大朵的牡丹或嬉戏于水面上的小鸟，极富生活情趣。

金代磁州窑创烧的装饰品种有釉下褐彩加釉上红、绿、黄彩。上海博物馆收藏的一件金代磁州窑仕女坐像，白釉光洁润泽，红彩闪黄，不很均匀，绿彩有大绿、水绿之分，黄彩闪红，头发眉毛为釉下黑褐彩。器型虽不很规整，但由于十分稀少，也是很珍贵的。这一品种的瓷器还有碗、盘、瓶、罐、玩具等，多见红绿彩，少有黄彩。主要纹饰为凤凰、牡丹、荷莲、鱼藻等。

明代　官窑青花瓶

龙泉印花人物药瓶

年代　明代
规格　高 6.5 厘米

明代瓷器

洪武时期瓷器

元末明初，连年战争，百废待兴，洪武时的制瓷业萧条，瓷器不多。青花瓷的颜色与元代的浓艳相比，稍显浅淡，略闪灰。常见器型有玉壶春瓶、盏托、碗、盘口环耳瓶、折沿大盘、大罐、石榴樽等。这时期的釉里红瓷呈色不是很鲜艳，绝大多数泛灰色，纹饰多为双层瓣的缠枝扁菊花、牡丹、云龙、松竹梅、莲花瓣及其他四季花卉。

◎ 青花瓷器

洪武青花是承前启后的一代产品，继承了元青花传统，但工整有余，变化不多。图案题材以程式化的花卉纹为主，布局趋于简单，扁菊纹、缠枝纹或折枝莲叶纹较为多见，龙纹出现五爪，但仍以三爪、四爪为多。造型以盘、碗、罐为主。除玉壶春瓶、玉壶春执壶及口径在 20 厘米左右的大碗为釉底外，其余均为胎底。胎底的盘、碗之类底部有红色护胎釉，且多数有明显刷纹。青花瓷的图案以花卉纹为主，基本上和釉里红的花卉纹相同，最常见的是扁菊纹，有的器物以缠枝扁菊为主题纹饰。从传世品及景德镇窑址发现的标本看，洪武年间以碗类为主的民窑青花粗瓷底部大都无釉，且有尖钉状凸起，仍保留了元代斜削足的特点。

◎ 洪武瓷与元代瓷纹饰差别

洪武瓷器与元代瓷器的纹饰多见缠枝菊，但元代的菊花瓣是单层的，而洪武时期的则是双层的。牡丹花纹饰也有区别，元代牡丹花瓣边缘呈串珠状，好似一排排晶亮的露珠，叶子或大而肥硕或像葫芦叶（俗称葫芦叶），洪武时期的牡丹花瓣边缘则以留白显示瓣与瓣之间的层次，没有露珠，叶子比元代的要小，画法娴熟简洁，像螺丝似的。作为边饰的仰莲瓣、覆莲瓣（一般在器物的底部或肩部），元代的基本是方形，瓣与瓣之间有缝隙，瓣中多画火纹、折枝花卉、垂云、八宝、杂宝等，而洪武时的莲瓣是长圆形的，没有棱角，瓣与瓣相连，没有缝隙。

◎ 釉里红瓷器

洪武时期的釉里红瓷器明显多于青花瓷器，尽管釉里红的烧造技术仍未完全成熟，呈色有的不太稳定，多较淡或偏灰，个别器物有晕散或发暗黑色的现象，釉面上往往还有开片，但基本上与元代釉里红的色泽接近。在烧制工艺上也比元代有了很大的进步，元代无法克服釉里红晕散飞红的现象，所以大多先在坯胎上刻好图案，然后再用釉里红填绘纹样留出白地，故而直接用釉里红绘画的并不多见。洪武时期的釉里红纹样已不再借助刻画而直接用釉里红绘画，图案大多用线条表现。这表明洪武釉里红的烧制技术已有明显的进步，已经能够成功地避免烧制过程中釉里红的飞红晕散现象。

明代　仿宣德百子图大盘

明代　青花凤纹盘

明代　侍女人物花觚

洪武釉里红的纹饰题材基本上与青花一样，构图繁复的缠枝花、折枝花、缠枝莲花、扁菊花以及松、竹、梅、庭院芭蕉、飞凤、人物故事图等均有所见。

◎ 单色釉瓷器

洪武时期的单色釉瓷器品种丰富，有白釉、红釉、蓝釉、酱色釉（柿色或褐色）和黑釉等多种，这些器物虽有碗、盘、高足杯之别，但其共同特点是制作规整，而且器物内壁均印云龙纹，龙都为五爪。器内底心皆浅刻云纹，云纹有两种：一种为“风带如意”云纹，另一种为三朵云纹。

明代　官窑青花缠枝花纹钵式碗

明代　浇黄釉裹足折沿碗

永乐时期瓷器

永乐朝生产的瓷器有青花、甜白釉、红釉、酱色釉、翠青和影青釉等，其中以青花最多。因为从永乐朝开始，青花就开始成为景德镇瓷器生产的主流，而其他颜色的釉器则比较少见。

◎ 青花瓷器

从永乐朝典型器看，由于烧成温度较高，釉内气泡较少，所以釉面有亮感，但依然有很大一部分永乐器存在很多气泡。永乐青花瓷器的釉，基本上为白中泛青色，少数器有开片，青花有晕散现象。永乐青花（包括其他品种）瓷器的制作，除大盘、扁瓶等少数大件器外，多数器物的底部均已施釉，这是一个很重要的时代特征。

明代　白瓷乡绅俑

◎ 白釉瓷器

永乐的白釉因其肥润甜美，人称“甜白”，釉面温润肥厚，似玉如脂，洁白素净，有的器物为黄色大纹片。器型有梅瓶、杏元扁瓶、背壶、无柄壶、四系茶壶、僧帽壶、八角形烛台、大罐、小罐、爵杯、碗、盘等。胎体分薄、厚两种，盘、碗等圆器一般是薄胎，梅瓶、烛台、大罐等是厚胎。纹饰分光素无纹和暗花两种。有的白釉器上有浅黄色的酱口，比任何朝代的酱口颜色都要浅淡。

明代 成化鹤颈瓶

◎ 红釉瓷器

永乐红釉又称“鲜红釉”，以铜为着色剂，在高温还原气氛下烧成。釉面坚润肥厚，非常美观。胎体致密，造型秀美。多见盘、碗，也有高足碗、僧帽壶。器口边有一道非常窄、非常整齐的白边，俗称“灯草口”，底足边也是如此。底足施白釉，釉薄的地方泛黄。部分红釉瓷光素无纹，部分有暗纹。上海博物馆收藏的一件红釉盘内壁印两条行龙，盘心暗刻如意形云纹三朵，有元代红釉瓷及洪武官窑瓷的遗风。

明代　斗彩高足碗

宣德时期瓷器

宣德朝生产的瓷器品种之多是空前的，釉下彩方面有青花、釉里红及青花釉里红，单纯的釉上彩有釉上红彩和五彩，釉下和釉上彩相结合的品种有青花红彩、青花黄彩和斗彩。单色釉方面有甜白、红釉、蓝釉、洒釉、仿龙泉釉、酱色釉、低温绿釉、孔雀绿釉、仿哥釉和仿汝釉，杂釉彩方面有刻酱彩和各种金彩器等。

◎ 青花瓷器

宣德时官窑青花瓷绝大多数使用苏麻离青料，和永乐时期的青花纹饰很相似，具有色泽浓艳、晕散、大小不等等特点。同时，宣德官窑还有一小部分使用国产钴料绘纹饰，颜色艳丽稳定，没有黑斑。宣德时期的青花瓷的胎体比永乐时的同类器物要厚重，釉面肥厚闪青，不太平整，像橘子皮，俗称“橘皮釉”。

明代　暗刻海怪纹藏草瓶

空白期瓷器

“空白期瓷器”也叫“黑暗期瓷器”，是指明代正统、景泰、天顺三朝所产的瓷器。据相关文献记载，正统、景泰、天顺三朝都有官窑生产瓷器。但因为政局动荡等原因，这三朝所产瓷器数量、品质均不如永乐、宣德时期，而且瓷器也未书写年款。在很长一段历史时期，传世品中都未见到署年款的官窑瓷器，因此陶瓷史学界将这三朝的瓷器称为“空白期瓷器”。不过，20 世纪 80 年代，研究人员在景德镇发现了大量明代正统官窑瓷器，这些瓷器的品种有青花和斗彩等，呈现出与宣德、成化时不同的风格。

明代　民窑青花瓷

明代　民窑青花碗

明代　民窑青花罐

成化时期瓷器

成化时期，釉下彩绘瓷的产量巨大。早期的青花瓷从胎、釉、造型、纹饰等方面都和宣德时期的瓷器相似，中后期则与宣德时期瓷器区别巨大，最突出的是摒弃了进口的苏麻离青。釉里红瓷稀少，红色及鱼头形状较宣德时期也有了很大改变。这一时期的单色釉瓷造型精美秀丽，胎釉如脂似玉，在明代璀璨的瓷器史上添上了闪光的一笔。

◎ 青花瓷器

成化朝的官窑瓷有的继续使用苏麻离青料，宣德遗风仍存，但多数使用的是江西乐平县产的陂塘青，也叫“平等青”，其特点是青花颜色清淡典雅，蓝中闪灰，呈色非常稳定、平静。成化瓷器的胎体洁白、细密，造型轻薄秀美，釉面洁白肥腴，纹饰纤细活泼，大量采用双钩、平涂技法。

明代　白釉青花寿字款碗

明代　成化年制小碗

◎ 斗彩瓷器

成化斗彩瓷的商业价值一直极为可观。例如，明代沈德符在《万历野获编》中写道："窑器初贵成化，次则宣德。杯盏之属，初不过数金，顷来京师，成窑酒杯每对至博银百金，为吐舌不能下。"清初朱彝尊《曝书亭集》中也记载："万历器索金数两，宣德、成化者倍蓰之，至鸡缸非白金五镒市之不可，有力者不少惜。"《神宗实录》更有"神宗时尚食，御前有成化斗彩鸡缸杯一双，价值十万"的记载。

◎ 白釉瓷器

成化白釉釉质肥厚莹润，平净素光，无宣德时的橘皮纹。个别盘、碗展现的黄色，如同烟雾弥漫一样。所烧甜白器多半脱胎，器型以碗、盘为主，器足高且窄平。另有卵幕杯，胎薄如蛋壳。款多为双圈"弘治年制"四字阳文暗款。

明代　盖罐

◎ 黄釉瓷器

黄釉瓷器是在白釉器上施黄釉，二次低温烧成，其色有深有浅，呈鸡油黄。娇艳色调的娇黄色，则以成化为最早，釉面匀净娇嫩。浅淡者，釉质稀薄，书写成化年款。足底往往有后刻的“甜”字，或几个小浅钻孔。

◎ 仿哥窑瓷器

成化仿哥窑瓷器的特点是胎质细洁，釉质肥润，平整光亮，开片纹较规整；器口多施酱黄釉或酱褐釉，用以模仿“紫口铁足”的效果；釉面有粉青、月白、米黄等色。器型多杯、瓶等。

◎ 仿官窑瓷器

成化仿官窑瓷器，其质量达到了明代同类品种的最高水平，胎体厚重，釉面肥润不太光亮，釉中有大气泡，无橘皮纹，开片大小相间，大片呈灰黑色，小片为米黄色，一部分器物口沿施酱色釉，圈足涂紫金土，以仿宋代“紫口铁足”的效果。常见灰青色釉，色泽柔和淡雅，与仿哥釉十分接近，传世品不多，主要有琮式瓶、花口瓶、葵式洗、花口小碗等。

明代　红釉宝石玉壶春瓶

明代　绿釉立身如来佛像

明代　翠青釉瓷器

明代　铁线描青花瓜棱石榴尊

弘治时期瓷器

弘治朝的瓷器基本上都是成化的延续。斗彩产品已经很少制作，娇黄和白釉填刻绿彩是这一时期最负盛名的品种。民窑器的胎、釉制作虽然较官窑器稍粗糙，但纹饰题材更为广泛，精品也时有发现。

◎ 官窑青花

弘治朝的官窑青花瓷器无论从胎釉、造型还是颜色，都非常接近成化，因此有“成弘不分”之说。弘治官窑瓷胎体细润、坚密，有的釉面光亮闪青，有亮青釉的说法；有的釉面很白润，用“如脂似玉”形容，一点都不过分。青花颜色闪灰浅淡，纹饰纤细，图案稀疏。还有一类器物青花颜色稍浓艳，纹饰细密。

常见纹饰有海水龙纹（以浅淡青花绘海水，深沉青花绘行龙，立体感极强）、火云龙纹、荷莲龙纹、龙穿花、四季花果、海马异兽、松鹤、缠枝牡丹、缠枝莲花、葡萄、蕉叶、山石花卉等。

明代　青花三鱼纹杯

◎ 黄釉青花

黄釉青花是在青花瓷器上施低温黄釉，色泽凝重鲜亮，呈深蛋黄色。此品种从宣德传至嘉靖时期。弘治时的黄釉青花盘，其黄釉凝厚光亮，青花呈黑蓝色调，器型及纹饰与前后各朝基本相同。盘心以青花描绘的栀子花做装饰，围以折枝石榴、柿子、葡萄、莲子，盘外壁饰以缠枝花图案。弘治黄釉青花瓷为釉底写款，多为“大明弘治年制”六字楷书官款，及“弘治年制”四字篆书刻款。

◎ 黄釉瓷器

弘治时期最著名的品种是黄釉，换句话说，弘治的黄釉是明代最著名的品种之一。其黄色娇嫩如鸡油，人称“鸡油黄”。器型主要有盘、碗、樽等。

这一时期的黄釉瓷与成化时期的黄釉瓷相比，颜色深，釉面光亮，似一泓清水，较之成化时期那类泛白的淡黄釉显得深且厚。与正德、嘉靖时期的黄釉相比颜色要浅淡，可以说，弘治时期的黄釉深浅适中，恰到好处，因此在陶瓷史上常把它作为明代黄釉的典型。

明代　青花五彩瓷

弘治朝黄釉鉴识

弘治朝黄釉品种多、数量大，价值甚高，后世都以其为楷模，清以后多有仿品。鉴定时需把握的重要特征是：第一，弘治朝黄釉造型规整，修坯细洁，底足白釉，初期为白色，中期发灰，晚期泛青色，与正德的亮青色一致；第二，黄釉盘底有塌凹现象，后仿者则多为平底；第三，弘治器物底足低矮，圈足光滑，后仿者底足稍高；第四，款识中“治”字中的三点水，一般真物均低于“台”字，后仿者三点水和“台”字齐平；第五，弘治黄釉的鸡油黄色极难仿制，成化时偏黄白色，后仿者多发深黄色，弘治黄釉两次上釉均十分精细，边沿与白釉或白胎相接部位整齐而自然，后仿者多显拘谨。弘治以后，历代都生产黄釉，正德朝继承弘治传统，但黄色偏重，给人以老成持重之感。

明代　青花人物大盘

◎ 白釉瓷器

弘治官窑白釉胎质细腻，釉面细致，光润如脂，非常平静。器物底部闪青色，这是它与成化瓷的重要区别之一。器型以盘、碗为多。弘治白釉中也有薄胎或半脱胎的精品，其盘、碗类底部的厚度已较永乐、宣德器略薄，但还处于半透而未全透的程度。署青花弘治年款的官窑白釉盘、碗类传世较多。

在明代各朝君主中，孝宗朱祐樘是一个比较清明的皇帝，史学家对他的评价也较高，誉其统治时期为“弘治中兴”，但由于其“兢兢于保泰治盈之道”，夙夜忧勤、忙于政事，没有什么闲情逸致去欣赏瓷器，更无暇顾及孰好孰坏。但有迹象表明，弘治帝喜爱素色，反映于瓷器上是传世实物绝大多数色泽素净。史料记载，弘治十五年三月己亥，“先是有旨，自正月初一日至十二月二十七日，但遇御膳进素日期，俱令光禄寺禁屠断宰者凡一百一十一日……”从中可知，弘治十五年一年内御膳进素日期约占全年三分之一，而且还有“进素日期在祖宗朝无故事，惟皇上好生之德出自天性，故爱惜物命，至于如此”，说明弘治早有食素习惯，其御膳进素也是常事，而越到后期可能进素日期越多。以此类推，食素所需之器皿必然与所盛食物相适应，其色调必然相和谐。

正德时期瓷器

正德瓷器上承成化、弘治，下启嘉靖、万历，开始改变前朝淡雅的风格。在制作上，由于大件器的增多，趋向于厚重而粗糙。器物虽然多样化，但除了素三彩为这一时期颇负盛名的品种外，其他各类制品在质量上很少有超过永乐、宣德或成化水平的。

◎ 青花瓷器

正德朝的官窑青花瓷胎体较厚重；大型立器胎厚欠精细，有的甚至出现裂缝；釉面肥厚光润，白中闪青或闪灰。青花料有的使用“平等青”，颜色清淡闪灰；有的使用“石子青”，颜色浓艳闪灰。正德后期开始使用“回青”，颜色浓艳闪紫，用双钩、平涂技法绘画。常用纹饰有海兽波涛、翼龙、云龙凤、龙穿花、凤穿花朵云、双狮戏球、仕女婴戏、缠枝番莲、缠枝牡丹、山石牡丹、八宝、八仙、钱纹、回纹等。用呈色浓艳的青花料绘画纹饰的瓷器，其纹饰往往仿宣德瓷的画风。正德官窑青花造型十分丰富，大件产品相对多起来，除常见的碗、盘、瓶、罐、炉、烛台、壶等，绣墩、笔架、多层套盒、花插插瓶、石榴形小罐、八方罐等均为正德时创新的造型。

明代　青花人物故事观音瓶

明代　青花人物玉壶春瓶

造型中最具时代特征的是“正德碗”，其特征是口微外撇，从口沿至足渐收敛，碗壁弧度大而深，圈足，又名“宫碗”“宫式碗”。立器比较厚重，接胎痕迹明显。瓶、觚类瓷器颈部外撇后下收，像刻意加厚了一块，而正德之前的瓶、觚类瓷器颈部只外撇不内收。碗、盘圈足稍高，直立或外撇，盘塌底。大件器增多，大罐、大葫芦瓶渐多且出现了作为坐器的绣墩。

正德时期官窑的款识写得很工整，排列稍显松散，六字或四字款都有。正德的“德”字和宣德的“德”字一样，“心”字上没有一横，呈“德”状。正德民窑青花瓷胎体坚致但不够细密，白中闪灰，有孔洞缝隙及黑点。青花颜色浅淡闪灰，具晕散，多双钩、平涂，纹饰草率、随便，但不乏佳作。

明代　青花人物瓶

黄地青花花果纹盘

◎ 斗彩与黄釉青花瓷器

正德斗彩瓷器因施彩工艺不同而形成两种风格：一种以北京故宫博物院收藏的青花加彩夔龙碗为典型，其纹饰中青花所占面积较大，红绿彩浓重；另一种以斗彩三足圆洗为典型，于青花缠枝花纹饰上填黄绿彩，色调淡雅。两种青花填彩，究竟属斗彩、青花五彩，还是青花红绿彩，因界限并不严格，故名称经常混用。若以勾勒填彩的工艺技法判别，则可视为斗彩；若以用色浓淡区分，也可称作五彩。

正德黄釉青花花果盘，承袭前朝规格，但黄釉比宣德、成化的色重，而与弘治时的大致相仿，青花色泽仍显黑蓝。

明代　青花大碗

明代　青花斗彩海水龙纹盘

◎ 黄釉瓷器

正德朝的单色釉制作并不是官窑的重点，除白釉器外，主要有黄釉、仿龙泉釉、孔雀绿釉、蓝釉及红釉，传世数量都不多。器型多为盘、碗、炉、罐、梅瓶等。正德时的黄釉瓷比弘治时的颜色略深，不如弘治时浅淡娇嫩，显得较老成，釉子同样肥润光亮。盘、碗口比弘治时的要大，胎体略厚重。多数署四字或六字款；无款者，器底釉比弘治时更显青色。

◎ 正德瓷器价值评估

孔雀绿釉是正德瓷中价值较高的品种，因其工艺精湛，釉色美艳，传世稀少，一直为收藏界所青睐。一只孔雀绿釉小碗，价值在 30 万元人民币以上；一只浇黄釉和黄釉青花盘，价格在 60 万元人民币以上；一只红绿彩碗，价值在 20 万元人民币以上。正德青花瓷器价格相对较低，一般一只青花碗价值仅在 10 万元人民币左右，大件立器青花价值比盘、碗高出一至两倍，卖价可达 20 万～ 30 万元人民币。

掐丝珐琅花瓶

嘉靖时期瓷器

嘉靖时期国力强盛，瓷器需求量很大，因此传世品很多。其釉下彩绘瓷器的数量更是高居明代历朝之首。品种主要有青花、颜色釉、青瓷等，民窑彩瓷的发展是这个时期的一个突出成就。

◎ 青花瓷器

嘉靖一朝历时 45 年，官窑生产从未间断，据不完全统计，产量可达 60 万件（不计民窑）。将近半个世纪的生产，形成了嘉靖官窑青花瓷器的独特风格。嘉靖朝的官窑青花小件瓷器的胎体坚致细密、轻薄，大件瓷器的胎体厚重；小件瓷器的釉面肥润光亮，大器欠平整，釉色白中闪青或闪灰。

瓷器

清代　官窑龙盘

清代　汝窑缠枝纹花卉盘

清代瓷器

顺治时期瓷器

顺治初由于明末的战乱，官窑处于衰败期，少见精致之作。但民窑的出口瓷仍然在继续生产，颇有一些佳作，如象腿瓶、将军罐之类的。青花以民窑器为多；颜色釉仅见酱釉、黄釉和白釉等数种官窑器，大多是盘类；彩瓷以明末外销瓷的品种为多，主要是釉上五彩，以白釉加绘各种彩色，常见黄、绿、红彩等。

◎ 青花瓷器

顺治时青花瓷器的胎体坚硬细密，釉面青白厚亮，有的有尘雾状黑点。立器胎体厚重，底足多为细砂平底，有的有细密的旋削痕，器足向内斜削；圆器胎体轻薄、滑润，底足修成滚圆的泥鳅背，比较高深，几乎没有塌底现象；有的大盘是双圈足或宽圈足。大多数器物都有酱口，无论圆器立器，底足都露出较高的无釉边。

顺治时纹饰一般很粗犷，绘满器物。有几种纹饰是顺治时所独有的，如常见于炉、罐上的非常粗犷的云龙，龙粗大威武，只露出头、身、尾等几截，其余部分被斑片状云朵遮挡，好似凶猛的恶龙从滚滚的黑云中腾跃而出，其身忽隐忽现。这时也有崇祯朝式的勾勒轮廓，涂青花留白形成的“括号”云，常见于花觚、笔筒、罐之上的芭蕉瑞兽、独角兽等；绘于盘、碗之上的人物故事，人物多处于庭院或室内，有一定的情节。这几种纹饰一般都画得很满，青花没有层次。除这些本朝特有纹饰以外，常见纹饰还有玉兰怪石、缠枝牡丹、雉鸡牡丹、四季花、山茶花、童子骑麒麟、八仙、布袋和尚、云鹤、博古等。

顺治朝时带官窑款的瓷器很少，有双圈六字两行“大清顺治年制”款及四字两行“顺治年制”款，字体工整。民窑供器多署干支纪年款，一般生活用器多无款，有的署“玉堂佳器”或“芝兰斋制”款。

清代　粉彩宝相花纹折沿洗

五彩花卉盘

年代 清代
规格 口径 35 厘米

◎ 五彩瓷器

顺治时期釉上彩绘瓷器中最出名的是五彩瓷。这一时期的五彩瓷有两类：一类是风格比较粗犷的，无论青花还是红彩、绿彩等都很浓重。此类彩瓷青花艳丽，红彩为深枣皮红色，绿彩是深绿，多绘蕉叶、洞石、牡丹、缠枝莲、云龙、麒麟等，纹饰大，显得画面较满，对比强烈，画意古拙，有明末的味道。另一类为风格清秀的，青花颜色艳而不浓，红、黄、绿、紫等颜色相应较淡，纹饰较小，画意清新，多画人物故事、亭台楼阁、牡丹、花果、洞石等，这类五彩是顺治彩瓷中比较精细的一种。

明清五彩瓷器辨异

明清五彩瓷是景德镇窑在宋、辽低温釉的基础上发展而来的，基本色调以红、黄、绿、蓝、紫五种彩料为主，按照花纹的需要施彩，在 700 ~ 800℃的炉中两次焙烧而成。明代五彩多以色彩浓艳取胜，纹饰豪放，线条粗犷、繁密，填彩太满不很准确，颜色常常溢漫出廓，使纹饰显得模糊，透视感较差。

清代　仿哥窑笔筒

◎ 单色釉瓷器

顺治时期，各地战争尚未平息，政府无暇顾及官窑的生产。以景德镇为中心的瓷业生产，从晚明时已趋向衰落，到清初更加颓败，一度处于停滞状态。因而，顺治时期遗存的传世品中，署官窑款的器物甚为罕见。单色釉瓷器的品类较少，仅有白釉、黄釉、茄皮紫釉等，常见的多为民窑生产的日常用具和供器之类。

白釉呈卵白色，多数器口施酱黄釉，釉面肥厚，光亮度不足，无明代白釉釉面的那种油腻感。常见的有刻缠枝莲纹的白釉盘，其他品种少见。多署“玉堂佳器”款。

黄釉颜色较深，既有光素无纹的，也有暗刻龙纹的，如北京故宫博物院收藏的暗龙纹黄釉官窑盘。

茄皮紫釉在明代弘治、嘉靖、万历时已有。清代顺治时很少，属两次烧成低温釉品种。既有高温烧白釉罩茄皮紫釉的，也有高温烧无釉素胎后罩茄皮紫釉再低温烧一次的。和黄釉一样，有光素无纹和暗刻龙纹两种。单色釉官窑瓷的款识一般用青花写，字体工整，大而拙。

清康熙朝　素三彩海马纹碗

康熙时期瓷器

康熙时期，瓷器造型多样，品种丰富，釉质细润，绘画工细精丽，造型典雅优美。大器浑厚奇伟，小器玲珑剔透，巧夺天工。官窑和民窑相互促进，技术迅猛提高，制瓷业空前繁荣。

康熙青花瓷在清代是最名贵、最精美的，素有“青花五彩”之美誉。康熙皇帝在位61年，是历代皇帝中在位时间最长的一位，康熙十九年（1680年）和四十四年（1705年），先后派内务府广储司郎中徐廷弼、主事李延禧、工部虞衡司郎中臧应选、笔贴式车尔德、江西巡抚郎廷极督理景德镇官窑生产。“臧窑”为康熙早期代表，“郎窑”则代表康熙晚期水平。康熙青花瓷与明代最大的区别是以民窑青花为主流，这是由于“官搭民烧”成为定制，刺激了民窑的发展。

◎ 釉下三彩瓷器

釉下三彩是一次烧成的釉下彩绘瓷，为康熙时的创新品种。有以豆青为地，绘青花、釉里红纹饰的；也有在白釉瓷上以豆青作为一种纹饰和青花、釉里红一同出现的，如用大片豆青做山石（一般在豆青釉下垫白粉，使纹饰凸起，有立体感），用釉里红绘树干和小花，用青花画树叶等。另外，天津博物馆收藏的一件三足炉是在白釉上吹青花、釉里红和豆青色流云纹，蓝、红、豆青色自成纹饰又相互交织，这种装饰别具一格。

清康熙朝　釉下三彩花卉观音瓶

清康熙朝　青花狩猎图盘

康熙釉下三彩后仿瓷辨伪

清代康熙时期，釉下三彩的烧制水平达到了历史巅峰。乾隆以后虽然也有烧制，但水平已经大不如前。康熙时期的釉下三彩瓷器工艺复杂，温度极难控制，烧造难度比较大，很难仿制。后仿的釉下三彩瓷器，不仅在胎质、造型和纹饰上发生了很大变化，而且带有浓厚的时代气息，主要是纹饰的发色大不如康熙时期。在20世纪初期，市场上曾经出现了很多仿照康熙釉下三彩烧制的瓷器，在造型和风格上与真品极为相似，但从表面纹饰上可以看出青花的晕散没有真品自然，豆青的发色也没有真品纯正。这主要是由于在烧造的过程中，无法准确控制温度所致。因此，在鉴定康熙釉下三彩瓷器时，很重要的一点就是看器物表面纹饰的发色情况。

釉下三彩瓷器的拍卖行情

釉下三彩瓷在清康熙年创烧，雍正朝后偶有烧造，清末及民国又多起来，因此它成了康熙朝特有的品种。民窑以豆青、青花、釉里红为装饰的笔筒较多。如清康熙釉里三色山水纹笔筒，用青花、釉里红绘山水、树木，豆青绘山石，颇为典型，其口径 18 厘米，底落“蕉叶”形花押款，估价为 3 万～ 5 万元人民币，成交价达 7 万～ 10 万元人民币。豆青青花釉里红官窑器，以清康熙釉里三彩海水龙纹观音尊为代表，素胎浮雕寿山福海纹及云龙纹，再以青花饰海水，釉里红绘云龙、火珠，豆青染寿山，该器高 41.7 厘米，有“大清康熙年制”款，成交价近 75 万元人民币。

清康熙朝　青花人物故事盘

◎ 五彩瓷器

五彩是康熙朝最著名的瓷器品种之一，比明代五彩更加绚丽、雅致。康熙五彩多用红、绿、黄、紫、蓝、黑等色彩，官窑精品有的加大片金彩。康熙时的红彩十分鲜亮润泽，有深浅、浓淡、薄厚之分；绿彩细润柔和，十分自然，有墨绿、深绿、瓜绿、水绿等不同色调；黄彩有浓艳、浅淡的区别，但都施彩较厚，不透明；紫彩中的茄皮紫浓艳色深，葡萄紫浅而透亮；蓝彩很厚，深浅俱全；黑彩多用来绘人物的头发、眉眼、靴帽等，或勾勒纹饰的轮廓。据说在黑彩上常涂一层“玻璃白”，所以漆黑明亮。康熙五彩的突出成就是创造了釉上蓝彩，并开始运用金彩。其绘画十分讲究，生动传神。

康熙五彩的主要器型有花觚、盘、笔筒、筒瓶、委角提梁壶、棒槌瓶、观音尊、梅瓶、碗、杯等。除了白地五彩以外，还有米色地五彩、墨地五彩、豆青地五彩、红地五彩、蓝地或洒蓝地开光五彩等品种。常见的纹饰有花蝶草虫、山石花鸟、人物故事、冰梅寿字、荷莲鸳鸯、雉鸡牡丹、麻姑献寿、十二月花等。

清康熙朝　五彩龙凤纹大盘

清康熙朝　五彩仕女婴戏图瓶

清代　斗彩婴戏纹葫芦瓶（一对）

◎ 斗彩瓷器

康熙时期的斗彩比较少。上海博物馆收藏的一件斗彩鱼藻纹盖罐，以浅淡纤细的青花绘轮廓，釉上填深绿、浅绿、黄、红等色，纹饰清新淡雅，是康熙晚期斗彩瓷器的优秀之作。

这一时期的斗彩瓷器器型、胎釉、彩料等，均与当时的五彩器大体相同。它用釉下青花或加绘釉里红来勾描花卉、鸟兽、山水等纹饰的轮廓线，或作为图案的局部，形成以青花和彩色相配的完美纹饰。釉上填彩的面积一般不如釉下青花的面积大，仍带有明代嘉靖、万历时期青花五彩的遗风。

其仿成化斗彩器，如鸡缸杯、花蝶杯、"天"字罐等，虽在彩绘中采用如同青花的多色阶渲染笔法，细腻的人物衣褶线更趋写实，但仍仿不出成化斗彩凝重古朴的韵味，胎、釉也具有康熙朝时的特点。康熙朝斗彩器所施彩料均不掺粉质。

铜胎珐琅大碗

年代 清代
规格 口径 25 厘米
高 18 厘米

◎ 素三彩瓷器

素三彩是在釉下刻非常浅细的纹饰，釉上用黄、绿（或水绿）、紫等彩色绘纹饰，经第二次低温烧成。康熙素三彩的暗纹和三彩纹饰不统一，如素三彩碗的暗纹为云龙，再用黄、紫、水绿绘折枝花及蝴蝶（蝴蝶触角用墨彩）。除了白釉素三彩以外，还有绿地、黄地、紫地三彩等，如北京故宫博物院收藏的一件八棱形素三彩香熏，顶面、侧面有开光，开光内透雕钱纹，开光以外是绿色鱼子纹地子，上衬黄、紫色螭龙。再有黄地三彩龙纹盘，绿龙、紫龙相向飞舞，中间的火球及周边的折枝花分别用白、紫、绿彩绘成。再如黄地三彩人物碗，外壁用绿、紫、白色绘和尚的衣服，内壁是紫地，用黄、白、绿绘各种折枝花卉，这几件三彩瓷的共同特点都是先刻画暗纹轮廓，再填绘三彩。

清康熙朝　五彩花鸟纹筒瓶

◎ 珐琅彩瓷器

珐琅彩即仿铜胎画珐琅器，因其在瓷胎上用珐琅彩料绘画，故也叫“瓷胎画珐琅”。珐琅彩含硼、砷等元素，用油调制而成，最大的特点是用什么颜色画，烧出的就是什么颜色，非常稳定、明亮。据记载，珐琅彩是康熙三十五年（1696年）创烧成功的。先由景德镇烧制素白瓷器（外为涩胎，只外口有一道较宽稍厚的白釉，内挂满釉的白瓷），运送至京城，由宫内造办处珐琅作高级工匠根据宫廷画家的画稿绘画后烧成。由于是专供宫内赏玩的，烧造极少，几乎没有传世品在宫外流传。

清康熙朝　青花人物纹碗

康熙时的珐琅彩瓷器主要是在胭脂红、黄、蓝、绿、紫等色地上绘各种花卉，地子非常匀净。口部白釉略微凸起，有铜胎画珐琅的效果。由于彩料较厚，又借鉴了西洋油画的技法，绘出的纹饰立体感极强。康熙时的珐琅彩料主要依靠进口，颜色不多，只有胭脂红、黄、蓝、绿、浅绿、紫、黑、白等色。纹饰主要是大朵的花卉，有的中心加“寿”字，非常简单又比较呆板，因为是色地，显得格外华贵。器型多为杯、碗、壶、小瓶等。底款多“康熙御制”四字楷书，主要用蓝、黑、紫等颜色的彩料书写，个别的有阴刻款，笔法刚健有力，围双方框，外边较宽。

瓷器

清康熙朝　青花花卉纹摇铃尊

◎ 红彩瓷器

康熙红彩的常见品种有抹红、盖雪红、淡描红彩、珊瑚红、胭脂红。明宣德时已有“抹红”，色彩鲜艳而凝重，如三果或三鱼碗，既有釉里红的、填红釉的，也有釉上抹红的。在白釉地上单独用红彩描绘纹饰的，称为“盖雪红”。其釉面洁白细润，红彩鲜艳，纹饰精细；加绿描金彩线条的，更为富丽堂皇。“淡描红彩”为康熙朝创新品种。彩虽极淡，却能以多种色阶描绘出细腻的纹饰。在以红彩为主题的纹饰中稍加绿、黑、褐彩，便成了极为静穆的五彩图案。“珊瑚红”为新创的名贵彩釉，以吹釉法施彩，其色美如珊瑚，红中泛淡黄，彩薄而均匀。“胭脂红”是指用黄金做呈色剂的“金红”，既有单色釉瓷，也有用作彩地或彩绘的。在鉴别康熙红彩瓷器时，首先，应注重其釉面的坚实光润及泛自然旧光泽的特点；其次，应综合器型、胎体及款识等特征来判定。所有伪造者，其釉色均达不到匀净纯正的水平；即使是极其用心的仿品和旧器后挂彩，其人工打磨做旧的釉面仍有不自然的亮光。

青花花卉纹罐

年代 清代
规格 高 25 厘米
底径 17 厘米

◎ 红釉瓷器

红釉从元代开始烧制，属高温铜红釉瓷，到明初永乐时期变得鲜红，宣德时期的宝石红都烧制得很成功，可是宣德以后每况愈下，红釉几乎到了失传的境地，直到康熙时才得到恢复和发展。此后，红釉品种增多，在单色釉中非常突出，有豇豆红、郎窑红、霁红等。

◎ 郎窑红

明中期以后，铜红釉技术衰落，到清康熙时期才重新振兴。康熙红釉中，以深艳的“郎窑红”最为名贵，它是仿烧明宣德的宝石红，极为成功，色泽深艳，好像初凝的牛血一般猩红，因此亦称“牛血红”。

清康熙朝　五彩龙凤纹碗

◎ 霁红釉

霁红是 15 世纪初期（即明代永宣年间）景德镇的陶工们在不断实践中新创的品种，原名“鲜红”。霁红是继钧红后的又一种高温铜红釉。因当时皇室用这种红瓷做祭器，所以后人便以“祭红”称之。由于其色彩犹如雨过天晴时之霞霁而得名“霁红”。传说宣德时将红宝石研末加入釉中，故也称之为“宝石红”，喻其名贵。古人配制霁红真可谓不惜工本，甚至掺入黄金，可烧成率仍然很低，有时在很长时间内也无法烧出好的成品进贡。在正德、嘉靖、隆庆年间（1573—1620 年），霁红的烧造情况才有所好转，有成品问世，但质量不及宣德霁红，所以古籍谈及万历霁红有“已非鲜红、宝石红”之记载。

清康熙朝　青花庭院仕女盖碗

◎ 蓝釉瓷器

蓝釉最早见于唐三彩中，只有绮丽之感，缺乏沉着色调。高温蓝釉的出现是在元代。明代以后，特别是在宣德时，蓝釉器物多而质美，被推为宣德瓷器的上品。至清康熙时，更出现洒蓝、天蓝等新品种。

清康熙朝　青花海八怪小缸

◎ 霁蓝釉与天蓝釉

霁蓝是景德镇窑从元代开始就已烧制成熟的釉色，其釉料以钴为呈色剂，钴含量一般为2%左右，釉层失透，釉面如橘皮，色泽匀润稳定，主要用作祭祀器皿，因此又称“祭蓝”。康熙时的霁蓝，釉厚的呈深宝石蓝色，釉薄的略浅淡。釉面平净的与带有橘皮棕眼的并存。口部施粉白釉，呈齐平的“灯草口”。款识和红釉一样，青花楷书六字本朝款、暗刻款、宣德款都有，也有无款的。另外，还有霁蓝釉凸白纹饰的盘、碗，纹饰多为鱼藻或花卉纹。

天蓝釉是康熙时的创新品种，是用微量钴（一般在1%以下）为着色剂的高温色釉，由于釉呈天空之蔚蓝色而得名。釉色匀净淡雅，十分珍贵，传世数量极少。天蓝釉的器型与豇豆红器型差不多，线条优美，没有大件器。中国国家博物馆收藏有一件天蓝釉菊瓣尊，大口，直唇，圆肩，腹以下内收，菊瓣式条纹凸起，器口及凸起处粉白，非常别致。天蓝釉瓷器的款识多青花楷书，多为六字三行小字，非常规整、秀气。后世有仿制品，但由于其烧成难度较大，所以后仿者在色泽上一般都无法与其相近。

◎ 洒蓝釉

康熙洒蓝是以钴为着色剂的高温釉，为仿宣德时的品种，但比宣德洒蓝的制作更趋完美。由于采用喷吹法施釉，在通体的浅蓝色地上，呈现水迹般的深色点子，犹如洒落的水点，因此称为“洒蓝”，又称“鱼子蓝”。又因其水点呈雪花片状，又有“雪花蓝”之称。洒蓝多施于厚胎器物上，将蓝料吹于白釉之上，形成白蓝相间的效果。也有的在洒蓝釉上用金彩描绘纹饰。另外，还有在器物上洒蓝开光的，开光中或用五彩，或用青花或釉里红绘画纹饰，既有精细的，也有粗犷的。常见器型有盘、碗、笔筒、花觚、棒槌瓶、观音尊等。无论什么器型，口部一般都施粉白釉。

◎ 绿釉瓷器

绿釉按颜色的深浅有“瓜皮绿”和“水绿”等区别。色深者如瓜皮绿，釉面无开片，浓绿莹亮，玻璃质感强；稍深者如嫩玉瓜色，釉面莹润；浅色者，呈黄绿色。绿釉多用于山石、树干、枝叶的渲染，有的还施于单色釉器上。常见的有光素与暗花的瓶、罐、盘、碗、洗等。瓜皮绿釉瓷在明代弘治时已有，是在涩胎上施釉经二次烧成。水绿釉是康熙时的创新品种，也是二次烧成，和“瓜皮绿”不同的是在白釉上施绿釉。其色泽如湖水般清澈，釉面光润晶莹，玻璃质感极强，独具时代特征。水绿釉在三彩器中用得最多。民国仿品色泽浓深，釉面玻化透明度和硬化程度不高。

清康熙朝　青花人物观音尊

雍正时期瓷器

雍正一朝，历时虽仅 13 年，但制瓷工艺却发展到了历史的新水平。这一时期的釉下彩绘瓷器以秀美精细著称，且烧制的数量和规模甚为可观。其突出特点是：瓷质莹洁，工艺精细；器型俊秀，典雅优美；釉色稳定，纹饰多样。

◎ 青花瓷器

雍正朝的官窑青花，早期接近康熙时的瓷器，部分瓷器色调艳丽明快。中期具有本朝特点，青花色调灰暗，一部分仿宣德青花类瓷器有晕散，纹饰上有人工点出的黑色小斑点，没有金属光泽，也不沉入胎体。

清雍正朝　斗彩龙凤纹碗

清雍正朝　柠檬黄釉小碗

清雍正朝　青花梵文杯

雍正官窑青花瓷器的胎体坚致、洁白、细润、轻薄，外壁和底足处理得非常规整，造型俊秀，在清代瓷器中是很突出的。仿永乐、成化瓷器，釉面洁白；仿宣德瓷器，釉面闪青；仿嘉靖、万历瓷器，釉面则是亮青釉。此时青花纹饰的总体风格是清秀雅致，常用的皮球花、过枝花、过墙龙、八桃、桃蝠（取福寿意）等纹饰是这一时期开始或流行的。这时的山石用“披麻皴”技法，形成一层层的苔点，所绘人物从康熙时的大人小景变成小人大景，人物只居于景中一角。文字中用梵文装饰，用排列整齐的瘦体梵文满饰器面，亦是此时独有。总体看，雍正青花构图疏朗，简洁明快，人物面目清秀，花卉则细腻纤巧。

雍正青花瓷器造型很多，除仿永乐、宣德等前朝的器型，还有一些具有本朝风格的器型，这时盘、碗的口面、底足都比较大。雍正青花瓷无论什么器型，线条都非常柔美、秀丽，比例协调，恰如其分，是清代造型设计最完美的瓷器。雍正青花官窑瓷器的款、字体基本一样，应是一人所写，楷款、篆款都有，楷书居多，字体清秀规矩，六字两行、三行款都有。双圈画得很规整，几乎看不出起落笔。

清代　仿霁红釉葫芦瓶

雍正青花与后仿器

仿雍正青花瓷的青花颜色不如雍正青花厚重，雍正青花略有晕散，而仿品没有。另外，雍正青花面多呈橘皮纹状，而仿品没有这一特征，这是区别雍正青花真伪的重要标志。

清代　青花釉里红碟

◎ 釉里红与釉下三彩瓷器

雍正釉里红的呈色技术进一步提高，和青花搭配时可做到运用自如。常见纹饰有三鱼、三果、五蝠、云鹤、松竹梅、缠枝花、凤穿花、山水人物等。器型有梅瓶、天球瓶、高足碗、葫芦瓶等。其釉里红多数烧得十分成功，比康熙时更鲜艳，大多有“大清雍正年制”两行六字楷书青花款。雍正朝除白地釉里红外，还有青花釉里红团龙、团凤器。乾隆釉里红大多红色偏淡，基本上和雍正釉里红色调一致，但雍正时有三鱼盘、碗及三果高足碗等鲜艳红色的官窑器，乾隆朝十分鲜艳的则极为少见。常见纹饰有团螭、团夔、折枝花果、云龙、龙凤等。清中期以后，釉里红瓷施釉稀薄，呈粉红色，釉面常见同时代瓷器上的“波浪釉”。器型多为罐、瓶、盒、洗、盘之类。

雍正时期的釉下三彩瓷器，风格和康熙时期大不一样。康熙时期常见的豆青色立体大山石不见了，而代之以雍正时期常见的豆青色为地，白色开光内用青花、釉里红画非常纤细的花、草、树木等纹饰，豆青色柔和，青花鲜翠，釉里红艳丽。常见的器型有瓶、罐、樽等。

◎ 五彩瓷器

雍正时期五彩的地位逐渐被粉彩取代，因此五彩瓷很少。虽然数量少，但雍正时的五彩瓷器质量却很精，色调清淡，布局疏朗，充分表现出雍正瓷的总体特点——清雅俊秀。

雍正时期的五彩常用颜色有红、黄、绿、紫、蓝、黑、白等色，清新雅致。如五彩花木天球瓶，用红彩绘花朵；以深绿、浅绿及水绿等不同色阶绘山石、树叶；以淡黄、褐黄、白色等绘出花蕊及花瓣；用黑、白二色描绘树干。虽是大器，却有秀雅之感。再如北京故宫博物院收藏的五彩仕女婴戏尊，虽说花卉边饰和康熙时的很相似，但仕女、童子明显缩小，山石瘦小，纹饰布局疏朗，是典型的雍正风格。

清代　斗彩龙纹胆瓶

◎ 斗彩瓷器

雍正时期的斗彩多仿成化，因此和成化斗彩极为相似。据清宫档案记载，雍正皇帝曾下旨让景德镇官窑为无盖的成化斗彩罐配盖，或仿制一些成化时的著名器型，如鸡缸杯、三秋杯等。

雍正时期斗彩瓷的青花轮廓浅淡，填色薄而细润，风格淡雅，正符合成化瓷特点。但雍正时期的白瓷不如成化时的肥润，纹饰又比成化时期的规整拘泥，色彩也不如成化时期丰富，仔细辨认，还是有区别的。雍正时期的斗彩也有本朝纹饰，除了各种花卉以外，还有人物故事，如天津博物馆收藏的“海屋添筹”盘，画的是人们乘船在海上宫殿前投筹码，相传投中一个加寿百岁。全器纹饰纤细，青花浅淡，色彩柔和。

清代　白釉瓜棱盖罐

雍正时期斗彩虽不及成化时期的古朴、莹润、疏朗、秀丽，却较之更精致、丰富、娇艳。它的丰富性表现在釉上粉彩的运用，使色彩更有层次和立体感，这是一种创新；而且釉上填彩的技术也有了进步，很准确，彩料很少超出线外。清雍正时期斗彩云蝠纹碗比成化时期的斗彩更精美。雍正时期的斗彩云蝠纹碗有两种：一种是外壁釉下青花绘云蝠纹，再在蝙蝠纹、云纹上添加红、黄、紫、绿粉彩，使器物比一般斗彩更娇艳、富丽。另一种是在釉下以青花绘蝙蝠纹、云纹，釉上只在蝙蝠纹上用矾红填彩，没有加其他的粉彩，较简单、清逸。

清代　珐琅彩大碗

◎ 珐琅彩瓷器

雍正时期绘制的珐琅彩瓷，比康熙时期又有提高，它将景德镇烧制的精细白瓷（内外均为白釉）运到京城，交造办处，由宫廷画师直接绘画。在白地上绘珐琅彩纹饰，是这一时期的时尚，但个别的也有在色地上绘纹饰的。据清宫档案记载，雍正六年（1728年）造办处已能炼制多色阶的珐琅料彩，并且增加了很多进口料所没有的颜色，因此雍正时期的珐琅彩颜色极为丰富。

雍正时期珐琅彩瓷器纹饰一改康熙时期只有花卉的单调图案，多绘花鸟竹石和山水等，但几乎没有人物，而且多题诗句、绘迎首及压角章，在一件瓷器上集诗、书、画、印于一体，这些都是康熙时期所没有的。

◎ 粉彩瓷器

粉彩是雍正时期最著名的品种之一，彩料比康熙时期要精细，色彩柔和，皴染层次多。大多数在白地上，少量在色地上绘纹饰。雍正早期的五彩有康熙时期的风格，如天津博物馆收藏的粉彩荷莲纹盘，内心绘胭脂红色的莲花，大绿色叶子上涂染金彩，盘外壁用黄彩绘云头形开光九个，开光内蓝，绿色叶子衬托出粉红色花朵，以抹红色鱼子纹为地，开光外绘抹红卷草纹，上绘黄色小花，色彩艳丽，整个风格和康熙时的很相似。底足施满白釉，暗刻很浅淡的“贰年试乙号样”双圈款，说明这件盘子是雍正二年的样品。

雍正时期粉彩纹饰多绘团花、团蝶、八桃蝙蝠（寓意多福多寿）、过枝花卉、水仙灵芝、仕女、麻姑献寿、婴戏等。纹饰明显疏朗、规整。如北京故宫博物院收藏的团蝶碗，圆形开光内绘满蝴蝶花卉，色彩柔和，开光外光素无纹。再如粉彩过枝桃蝠盘，从盘外壁开始绘桃枝叶及桃，通过

盘口过到盘心，接着绘桃枝叶及蝙蝠，这种过枝绘法在雍正时期很普遍，除此以外还有过墙龙等。雍正时期一般绘八个桃，乾隆时期多绘九个，有“雍八乾九”之说。雍正时画的蝙蝠翅膀顶端下弯有钩，钩中有一点，嘴上有毛（但不绝对）；仕女、幼童人物较小，面目清秀，或有疏简的山石树木等背景，或留较多的空白。

和康熙时期一样，雍正时期粉彩瓷也较多使用“金红”，精细之作还在纹饰上方用墨彩行书题相应的诗词歌赋，并绘红色迎首或压角章，显露出当时社会文人的儒雅之风。如粉彩三星图铃铛杯，绘福、禄、寿人物及山石、树木、蝙蝠、仙鹤，墨彩行书“天上三台重，人间一品尊”，没有款识，是民窑中的精品。一般民窑多在碗、盘、炉、罐、盘口瓶、小瓶上绘粉彩纹饰。雍正时期粉彩的款识多为浅淡的青花，六字两行楷书款。

清代　红地粉彩花卉纹酒壶

清雍正朝　绿釉暗刻龙纹碗

雍正粉彩的市场价格

雍正粉彩在拍卖市场上出现的数量并不像人们想象的那么多，而且都是小件圆器，至今没有出现过大件琢器。雍正时期粉彩的纹饰以花卉最为常见，人物、动物较少；人物又以仕女较多，文人武士较少。

雍正时期一般的粉彩花卉碗、盘之类，价格是 1 万 ~ 5 万元人民币。粉彩三多纹杯以传统的桃、石榴、枇杷为纹饰，成交价为 1 万多元人民币，更精美的则在 10 万元人民币左右。以动物为纹饰的，如粉彩福禄小杯（两件），绘饰鹿及蝙蝠，分别代表“禄”“福”，成交价为 15.5 万元人民币。

以人物为纹饰的，如粉彩人物印盒，高 8.1 厘米，成交价为 7.5 万元人民币，价格相对高于粉彩花卉。

清代　粉彩盖碗

◎ 红釉瓷器

康熙时期名重一时的郎窑红和豇豆红，到了雍正朝已趋没落。传统的霁红仍继续烧造，多为仿明永乐、宣德时的红釉器。

◎ 霁红釉

雍正时期的霁红瓷比康熙时期的霁红瓷颜色更润泽、鲜艳。釉面有两种现象：一种釉面非常光润平净，还有一种具有橘皮纹，有宣德瓷的效果。釉色深浅浓淡不等，可分为深褐、正红、粉红、苹果青等色。绝大部分釉面无片纹。器物口沿是人为涂的白釉，而不是像永乐、宣德时红釉自然流淌遗留的虾背青色。造型和永乐、宣德时比，口面较大，不塌底，圈足切削精细，都是泥鳅背。雍正时期霁红釉比康熙时期的胎体轻薄，造型秀美。雍正时期的仿三鱼或三果碗、盘，除了有釉里红的以外，还有白釉地填霁红釉的，地子白润，红釉鲜红，对比强烈，非常艳美。此外，还有红釉地白釉四鱼品种的。民国时的赝品，大多是用雍正时期的旧白盘或碗去鱼、果形后填红釉的，因衔接不好，留有缝隙，纹饰也过于呆板，如仔细观察，还是容易辨别的。

霁红釉的市场价格

从现今的艺术品市场来看，霁红釉瓷器比霁蓝釉瓷器的价格略高，但比单色黄釉瓷器的价格略低。雍正以后生产的霁红釉瓷器较多，较受欢迎的是大件的琢器。例如清雍正时期霁红玉壶春瓶，成交价为 19 万元人民币。清乾隆时期霁红梅瓶，高 23.5 厘米，以 12 万元人民币成交。清乾隆时期霁红锥把瓶，长直颈，垂腹，圈足，高 27 厘米，成交价为 7 万元人民币。雍正时期官窑霁红盘和碗的价格要看其大小和釉色好坏。例如雍正时期霁红盘，口径 16 厘米左右，估价 1 万～ 2.5 万元人民币。

◎ 年窑红

所谓年窑，是雍正四年淮安关税务年希尧任景德镇御窑厂窑务时所烧制的瓷器。年希尧在任时除了奉旨仿制前代的青花、斗彩、五彩、单色釉瓷器外，还烧制了部分有本朝特点的浅淡柔和的单色釉瓷器。年窑红釉瓷就是其中的一种。年窑红釉与霁红釉有所不同的是：釉面红润、光洁、坚硬；胎质细腻光滑，泛火石红色；器形浑圆；常见器型有梅瓶、弦纹花盒、钵、盂、洗等。年窑瓷器中的部分器物有很浅显的暗纹。

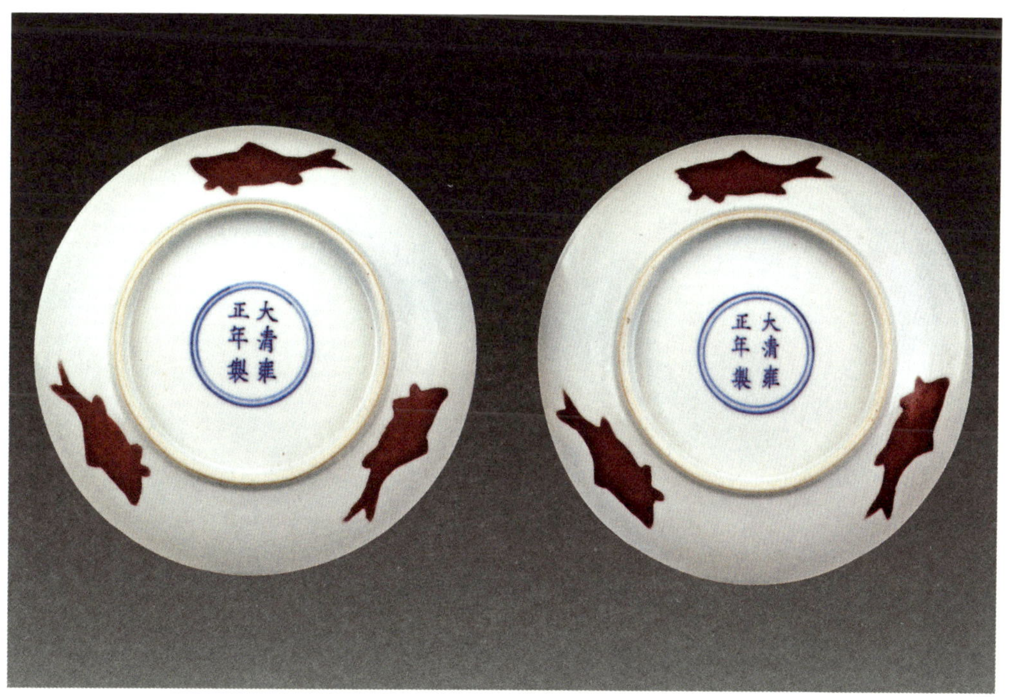

清雍正朝　釉里红三鱼纹盘

瓷
器

清代　粉彩八宝图盘

清代　斗彩瓷碗

◎ 蓝釉瓷器

雍正朝的蓝釉瓷产量相对较少，品种有天蓝、霁蓝和年窑蓝等，其中以年窑蓝釉最好也最少见，其釉的特征一是有粉质感，二是釉下有隐约可见的漫散状云絮纹。

◎ 霁蓝釉

霁蓝釉瓷器从成型方法到烧制过程都和霁红釉瓷器一样，只不过使用的呈色剂不同，霁红釉是铜在高温还原气氛下烧成的；而霁蓝釉则是钴在高温还原气氛中烧成的。烧制成功的有像宝石般幽蓝的颜色，也有深蓝或蓝中闪灰的。器型除了碗、盘以外，还有炉、梅瓶、天球瓶、西瓜罐等。

清雍正朝　青花云龙纹折腰碗

◎ 窑变釉瓷器

雍正时期的窑变釉瓷器是仿宋代钧窑的产品。以红色为主，交织月白、蓝、绿、褐等颜色的丝缕斑片，色彩艳丽，形成五彩斑斓的釉面。习惯上将这种仿自钧窑的釉色称为钧红，旧时也将较红的称为“火焰红”。而其中以夹杂蓝色较多的为上品，俗称“火焰青”。立器的内里都是月白色，间或有蓝色细丝；还有一种以天蓝色为基调，紫红色片自然垂流其中，口部多为紫红色釉。这两种瓷器的底足都涂酱釉，也有底足无釉，为酱色砂底的。款识多为阴文篆刻“雍正年制”四字款，既有在酱釉上刻款的，也有在刻款上敷酱釉的。仿宋代器型的有花盆、鼓钉洗等。雍正朝器型有雕螭虎纹鱼篓尊、天球瓶、梅瓶、贯耳瓶、蒜头瓶、石榴尊、盖碗尊等。

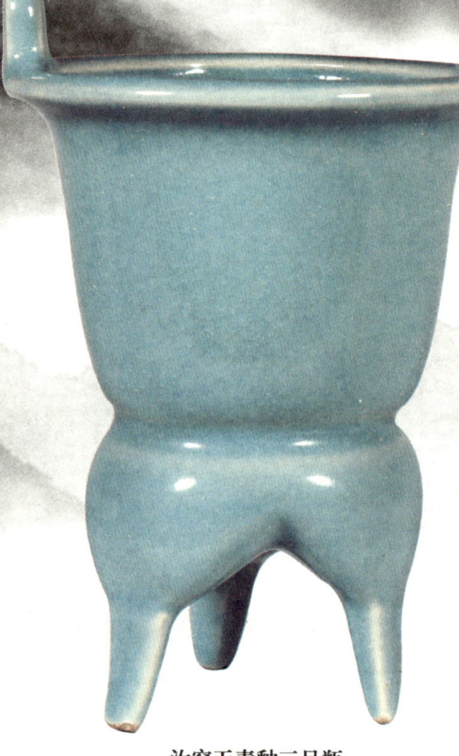

汝窑天青釉三足瓶

哥窑粉青釉香炉

清乾隆朝　五彩龙凤纹碗

乾隆时期瓷器

从康熙到乾隆是清朝的鼎盛时期，也是清朝瓷器大发展的时期。这一时期，景德镇制瓷工匠在总结和发扬康熙朝、雍正朝瓷器艺术的基础上，把清代制瓷业推向创造性的阶段，无论数量还是质量都达到了历史的顶峰。瓷器造型精美，色彩艳丽，图案新颖，华美多姿。

清乾隆朝　红彩莲花纹藏草瓶

◎ 青花瓷器

乾隆时期的青花瓷呈色稳定，早期与雍正时期的瓷器一样常有晕散出廓的现象，中期则形成正蓝呈色明快的风格，晚期则呈色略显青灰。民窑中落斋堂款的，无论工艺还是青花呈色，均可与官窑媲美。乾隆时期青花瓷质早期与雍正时期的基本一样，胎质洁白细润，晚期略显逊色，官窑与民窑无多大区别。釉面仍以青白色为主，匀净光润，也有呈粉白色的釉面，民窑中多见。波浪釉偶有出现。

清乾隆朝　釉里红龙纹瓶

清乾隆朝　青花缠枝莲纹铺首尊

嘉庆、道光、咸丰时期瓷器

清代的制瓷业，无论从质量、数量还是花色品种，自嘉庆朝开始便慢慢衰落。嘉庆早期，乾隆皇帝退位，当上了太上皇，旧制却不改，一切如故，瓷器制造也没有创新，基本是乾隆时的老样子，但品种远不如乾隆时的丰富。道光以后，制瓷业每况愈下，瓷器质量一朝不如一朝，品种少，精品少，瓷器胎体越来越粗笨，釉面越来越稀薄、松软，坚实程度远不如前朝。五彩、斗彩、素三彩等彩瓷，纹饰看似规矩，但已不太精细了。但也有比较精美的，最著名的如“慎德堂”“大雅斋”等。这一时期的粉彩瓷在同期瓷器中所占比例很大，尽管不如雍正和乾隆时期，但还是有少量佳作。

◎ 青花瓷器

嘉庆青花瓷除少数陈设器外，多为实用器具，青花发色比较浅淡。道光时期青花瓷传世较多，制作精致的可比乾隆朝同类器。咸丰时期青花没有什么特殊之作，多仿制康熙和乾隆时期的瓷器。

瓷器

第五章

瓷器的鉴别与收藏

清乾隆朝　青花竹石芭蕉纹玉壶春瓶

瓷器的辨别与评估

对于刚入门的瓷器收藏者，应该从什么品种入手呢？从青花瓷器来说，如果是在地摊上，除去99%的仿品，能见到的基本上是光绪、民国的东西。在一般的古玩店里，道光至民国时期的青花瓷器还比较多，价格在几十到几百元不等。而清朝康熙、雍正、乾隆老三代的东西基本上见不到了，即使有，一件非常普通的盘或罐价格都已在千元以上，而且一般多多少少都有缺陷。如果是完美品，价格要上万元了。

清乾隆朝　青花云龙纹小缸

古玩市场上的粉彩瓷器同治时期以后的比较多一些，价格也在几十元到几百元之间。道光以前的粉彩，市面上基本很难看见了。老三代的粉彩、五彩等彩瓷更是只能到拍卖会上去找了。

市场上民国时期的粉彩瓷器比较多，价格在几十元到几百元之间。但即使价格不高，地摊上也出现了仿品。最近的新宠是晚清到民国时期的浅绛彩，价格飞涨，一些名家的作品价格已经超过清老三代的青花瓷器。

其他的瓷器品种，如五彩、素三彩、斗彩、釉里红等，基本上是收藏高手玩的瓷器，入门者暂时不要去碰，能遇见的机会也不多。万一在市场上看见，千万不要动心，更不能购买。至于官窑和元青花、宋代五大名窑的瓷器，入门者暂时不用去想，因为那些东西，即使是高手能见到，也多在博物馆里。

青花花鸟纹瓶（一对）

年代　清代
规格　高 44 厘米

入门时要多少收几件初级阶段的普通瓷器做样板。几十元、几百元的晚清民国时期的青花、粉彩品种都可以接触一些。虽然没有什么升值空间，但做样板比对，可以让你今后少花冤枉钱。而一些晚清民国时期的完整瓷器，因为追逐的人少，也还是有一定的升值空间的。只有对老瓷器有了初步的认识，才有可能步入更深的收藏领域。

刚入门者，宁愿多花些钱到文物商店购买，也不要逛地摊或市场。而现在收藏者的乐园应该是在网上，因为不收费，许多老藏家都在转让一些自己早期收藏的初级阶段的藏品，价格也非常便宜。相对于市场，网上购物可靠得多，吃不准可以去做鉴定，即使不对，不满意还可以退货。具体可以从以下几个方面入手。

瓷器辨伪是必修课

瓷器鉴定是收藏和研究瓷器的基础，也是投资成功的关键。

历史遗留下来而传世至今或经过发掘出土的瓷器，其历史价值与艺术价值是不同的。要根据其在历史上的地位、作用、美学要素以及研究价值，对其进行鉴定，从而确定收藏价值，即投资价值的高低。现在大多数古瓷器精品主要被收藏在国家博物馆和省、市、自治区各大博物馆。除此之外，还有许多个人的收藏，近几年民间创办的一些博物馆，如北京的观复博物馆和深圳的青瓷博物馆等，也收藏有大量的古瓷器文物。

青花花鸟纹瓶

年代　清代
规格　高 42 厘米

如今，人人都知道古瓷器文物有收藏投资价值，古瓷器已经作为一种商品在社会上流通着，随之出现了对古瓷器进行仿制的“商人”。因此，鉴定文物除了鉴定其历史与艺术价值外，又有了一个鉴别真伪的问题。随着时代的推移，这种“假古董”大量出现，使得收藏投资者认识到鉴定瓷器文物的真伪已经变得格外重要。

瓷器本身既是一种艺术品，又是一种实用品。因此，还要从艺术角度，如造型、花纹装饰等方面去观察研究，因为各个时代的瓷器所具有的特征是不同的。除此之外，还要看它的烧制技术，包括窑炉的结构、器物成型的方法以及使用的原料等。只有这样，才能得出科学的鉴定。

瓷器鉴定是一门科学，要用科学的态度来对待它。然而，实际工作中，瓷器专家指出，有两种偏见值得注意：

一种认为鉴定不是科学，只是一种经验之谈，没有什么理论依据，甚至认为大多数馆藏品都是赝品。

另一种则过分强调鉴定的作用，甚至把它提高到不适当的地位。这种想法实际上是把古瓷器研究看成是真真假假的研究，而不与社会历史等各种因素联系起来研究，只是停留在玩物鉴赏，即“玩古董”阶段，这就使古瓷器失去了对人类历史研究的真正价值和重要作用。

因为古瓷器是研究社会发展史极为重要的实物资料，是当时社会的真实反映，为历史学家提供了极为珍贵的研究资料，所以我们从某件古瓷器上就可以了解到当时社会的真实情况。研究价值越高的瓷器，其收藏投资价值就越高。从整个社会的历史发展阶段来看，特定时期的古瓷器都是和社会背景相互联系着的，它们反映了共同的时代特征，组成了整个社会的历史文化面貌。所以不应当把它们分割开来研究，而是应作为社会发展与历史文化的一个组成部分。收藏家需要结合考古、文献等各方面资料进行综合性的研究。当然，这是对达到一定境界的收藏家的要求。在未来的收藏市场上，研究与投资所获得的回报是成正比的，对古瓷器研究越深，其投资成果就越大。对器物真伪的鉴别是鉴定工作的首要环节，丝毫马虎不得。

青花狮纹罐

年代　清代
规格　高 25 厘米
　　　底径 17 厘米

青花博古图瓶

年代　清代
规格　高 40 厘米

仿古瓷器出现的原因

瓷器鉴定首先是辨真伪。收藏者要从真伪品的比较、伪品作假手法等方面来提高辨别真伪的能力。要辨出真伪，只知道真品的特征显然不够，还得知道伪品的特征、制作方法，才能明辨真伪，正所谓知己知彼方能百战百胜。

常见的仿古陶瓷包括古代某些陶瓷器的假品、伪品，其出现的原因不外乎是对这些古陶瓷的爱慕，因真品太少或不易得到而仿造。如雍正帝酷爱宋代名窑瓷器，内府所藏不能满足其把玩需要，便常将宫藏宋瓷真品交给御窑厂仿造。这种情况历代都有，只是仿的数量不同，仿品质量也各有差异。

仿古瓷器大多是为了盈利。自元明至近现代，许多人雅好古名窑瓷器，不惜重金求索。真品的价值便日益增高，且供不应求。于是一些好利之徒便集名匠高手仿造，或名家自行仿造。

仿古作伪之风最为盛行的时期是清末、民国年间。彼时，西方列强侵略我国，多次大规模掠夺我国文物（包括大批陶瓷器）而去，由此，外国人领略到了我国古陶瓷之精美绝伦，无限爱慕，便来中国大肆购买，或托中国人代买。这一时期古代名窑瓷器价格更是十分高昂。

宋代　定窑印花大碗

定窑酱釉碗

缸瓦窑白釉刻莲瓣瓶

日本人特别偏爱龙泉窑青瓷，英、美人喜爱宋代钧窑瓷，法国人酷爱明清官窑彩瓷，瓷器价高抢手，一件往往万金难买。于是许多古玩商、制瓷高手投其所好，大批仿制名窑、官窑瓷器向洋人们销售。

此时，仿古瓷大为盛行的另一原因是军阀混战，政局不稳，北洋军阀政府变更频繁。当一系军阀执政，便有一批新权贵产生，他们在北京及各大都会购买府邸，布置居室厅堂，都需要购买大批古玩字画以示文雅富有。

民国初年，政权几多更迭，权贵更新了一批又一批，造就了一个久盛不衰的古玩市场，大批仿古瓷也就应运而生了。应权贵喜好和市场需要而生的仿古作伪瓷器，主要是宋、元、明、清的各大名窑、官窑器。越是有名的窑，仿品越多见；越是市场需求量大的名窑瓷，如前述英、美人偏爱之钧瓷，日本人喜爱之龙泉窑瓷，法国人酷爱之明清官窑彩瓷，仿品越多。

常见仿古作伪的陶瓷品种有：唐三彩，耀州窑青白瓷、定窑青白瓷、钧窑青白瓷、龙泉窑青白瓷、宋元景德镇青白瓷，元青花、明青花，明官窑彩瓷、清官窑彩瓷（主要是斗彩、珐琅彩、粉彩），康熙青花、雍正青花、乾隆青花，吉州窑褐瓷，宋建窑黑瓷，明德化白瓷等。

粉彩壶（三把）

年代 民国时期
规格 高径 15 厘米
底径 7 厘米

伪品的做旧方式

假陶瓷器有一个重要的特征，就是仿古作伪的瓷釉面、彩色等往往现新象，不旧，这较易被人识破。于是，聪明的仿造者也发明出一些做旧的方法来对应，这又增加了鉴定的难度。

一件仿古瓷的制作，在发色、画工、图案、造型、落款等方面可能与旧瓷器颇为相像，几可乱真，但其除了烧造时按古瓷制作外，还要完成一系列的做旧步骤。因此，研究仿造者的做旧方式非常重要。已知的做旧方式主要有如下几种。

粉彩花鸟纹瓶

年代　民国时期
规格　高 42 厘米

◎ 青花器去光

仿造者先用氯氟酸轻擦器表，再用烟灰（最好是烤烟灰）涂擦，新瓷表面的光泽就会大大减弱，并现出久用瓷器所特有的烟黄色痕迹来。鉴定时如对此有怀疑，可用少许肥皂水或汽油轻擦，即可去掉，识破伪装。

◎ 制造土锈

有些新仿古瓷，为了卖个好价，被做成出土文物的样子，称为“做土锈”。其方法是在老土中掺蛋白，涂拍于新器之上，一段时间后，即可在器表生成一些土锈斑痕。

还有一种做土锈的方式，就是在缩釉处、露胎处等想做土锈的地方涂少量 502 胶水，拍上黄泥，黄泥最好是墓土，其中带有少量老石灰。也可以在器物的某个部位放上几枚铁钉，撒点儿盐，一个星期以后，瓷面上的铁锈用刀刮不掉，盐酸也难以洗去。

水彩冬瓜罐

年代　民国时期
规格　高 30 厘米

◎ 铅粉涂于器表

在古墓的泥土中掺入适量铅粉，涂于器表，在 700℃左右的炉中烧烤，即可出现泥黄色斑点。这类方法做出的锈附着牢固，不易去掉。

不过，这种斑痕太新、太过、不自然，仔细观察比较即可识破。

◎ 做金丝铁线

金丝铁线是对宋代传世哥窑瓷器釉面裂纹的称呼。金丝铁线是因釉与坯体的膨胀系数不同，在烧制冷却过程中釉开裂形成的，或无开片器物经久远年代后釉面发生变化而成。

一般仿制者难以掌握烧制开片釉的技术，便制作假的开片：即在仿制瓷器已经烧成，开炉时，趁器物温度还很高，往器身浇洒盐水，使之生成开片釉。待器物冷却后，用墨染粗片纹，生成铁线，再用茶水染细片，即成金丝。

此种金丝铁线器，用水冲洗，便现原形。

瓷器

◎ 旧瓷加彩加款

过去，仿古作伪瓷器不全是新烧，有人将旧瓷加彩加款，因彩瓷比白瓷价高，有款比无款价高，此种作伪方法名叫“旧瓷新彩”。

◎ 制造崩口和鸡爪纹

将瓷器放在地上来回滚动，用硬器轻轻敲打出崩口，如有需要，还可用玻璃裁刀在瓶内外划出鸡爪纹。

◎ 锉刀剥釉

剥釉往往是在沿口上，用什锦锉刀的尖端先撬出一个缺口，然后继续延伸。

粉彩西瓜罐

年代 清代
规格 高 24 厘米

粉彩西瓜罐

年代　清代
规格　高 22 厘米

◎ 戳破气泡

用利器将釉面的大气泡戳破。器物的底部一般来说釉层较厚，比较好操作。

◎ 去火光

把等容量的氢氟酸和水兑在一起，用刷子均匀涂刷器物的表面，由下往上刷，釉层厚的地方涂刷时间可长些，薄处可相对短些。一般涂刷半分钟至 1 分钟后，马上用水冲洗干净，以免时间过长，釉层表面被腐蚀得太厉害，失去光泽。

如果觉得太亮，表面涂点儿色拉油，会使它温润如玉。

◎ 高锰酸钾和红糖涂染

其目的是给人一种已用旧的感觉，好像脏东西都跑到瓷器缝里去了。用高锰酸钾溶液掺入少许红糖，涂遍器身，底部足圈是重点，约 48 小时后用干布擦拭。所有露胎处、开片处几乎都会呈不同程度的紫褐色。

唐代　巩县窑省油灯

◎ 虫子蜘蛛上阵

在器物的底部扔点儿甜食碎渣，以吸引虫子，结上蜘蛛网，撒上蟑螂屎，蒙上灰尘。

◎ 磨洗胎底

用细砂轮磨平毛糙的地方，主要是胎底，同时，如果觉得底足颜色太深，可用洗衣粉擦洗，用细砂纸打磨，使胎微露白色，似糯米胎，视觉上给人以误差。

此外，作伪方法还有复窑、提彩、补釉、补缺、旧胎新填花、新物旧款、旧物新款、套口、撞底、磨底磨口、去耳、去流、除柄、补彩、补画等。作伪虽然巧妙，终有不可掩饰的痕迹，若仔细揣摩，认真观察，终会去伪存真。

粉彩仕女冬瓜罐

年代　民国时期
规格　高 34 厘米
　　　底径 12 厘米

辨真伪

掌握了瓷器做旧的伎俩，识别也就容易了。瓷器鉴定首先是辨真伪，要了解仿古作伪陶瓷的特征。仿古作伪陶瓷主要有如下特征。

◎ 造型失去古物风格

这是最重要的一点。众所周知，不同时期、不同阶层的人们，其哲学、美学、对科技的认知等社会文化差异是巨大的、无法重合的。因此，仿古作品无论怎样精心研究被仿对象，着意模仿古器造型特点，都必然打上仿造者的时代烙印，给辨伪者留下蛛丝马迹。

宋代　吉州窑青瓷刻花壶

元代　景德镇窑卵白釉刻花大盖

◎ 磨损现象露出破绽

顺着太阳光线，用十倍以上的放大镜探视瓷器表面釉层，老瓷表面的磨损纵横交错，粗细深浅不一，新瓷器则无这一现象。

◎ 纹饰的绘画不自然

古代瓷器上大多有绘画，仿制品大多笔力拘谨，线条不流畅，纹饰粗糙。

◎ 无使用后的光滑感

陶瓷真品大都经历了较长时间的使用把玩，器表均留有自然的、适度的光滑感。

粉彩仕女冬瓜罐

年代 **民国时期**
规格 **高 35 厘米**
底径 12 厘米

仿古作伪瓷器生产出来的时间不长，经手把玩少，当然没有古瓷的光滑感。有的仿古作伪瓷虽经人工做旧，但其陈旧感又不太自然，容易露出人为痕迹。

◎ 釉面光泽过强

这一点与上一点是相联系的，因为没有长时间的使用和把玩，仿品釉面光泽显得太强，有人称此种现象为“火刺”，釉面不细腻，比较粗糙。白釉太白，白中泛蓝而不是泛青。

清代　景德镇窑青花万寿纹盘

◎ 同一器型有两件以上或大量出现

古代留下来的陶瓷数量有限，而仿品的特点是批量生产，所以只要看到同一品种有多件出现在市场，就值得怀疑。

元代　景德镇窑青花云龙大罐

◎ 胎体过重或过轻

这是因为仿制品与真品所用胎料不同，也不可能相同。

现代古陶瓷造假者，用最新的科技手段分析作伪对象的胎、釉的成分、配方，模拟古器的窑炉烧成气氛，乃至仿造古代窑炉，虽然所仿古器在胎、釉的手感、外观上几可乱真，不易辨真伪，但鉴定者可从真、伪品的其他方面去突破，主要是不同时代的人的社会文化因素在器物上的反映。

清中期以前的瓷器，由于瓷土的关系，非常掂手（即重量大）。清中期以后包括现在的新瓷，胎质疏松，有的胎虽然厚，拿在手上却是轻飘飘的。

瓷器

矾红彩茶杯

年代　民国时期
规格　高 13 厘米
　　　口径 7 厘米
　　　底径 5 厘米

◎ 洗过水后呈紫色

用温水将器物冲洗干净，伪器往往过多使用高锰酸钾作伪，清洗后的水会呈紫色，有时用手指蘸点儿水一摸，手指也会染成紫褐色。

◎ 剥釉不自然

老瓷自然剥釉是由于胎釉结合不好或时间太久造成的，剥釉的周围还可以再剥。新瓷剥釉则是打出来的，剥釉的周围胎釉结合处依然很紧密，剥不掉。

粉彩蝴蝶纹盘

年代　民国时期
规格　口径 25 厘米

◎ 放大镜下露破绽

用大头针撬缩釉处或破裂的气泡，用放大镜观察，可以发现其氧化程度。凡用氢氟酸处理过的瓷器，高倍放大镜下可显现出无数个被酸腐蚀过的小孔。

◎ 胎质、釉质过细

仿制古瓷时的社会生产力、生产手段等，均比被仿物生产时进步，而仿造者又唯恐做得不精、不细、不真，胎釉料加工时多充分利用当代之生产技术条件，故往往在精细程度上有过之而无不及。

如果常去瓷都景德镇拜访那里的师傅，了解新瓷做旧手法，经常到老城区建筑工地上捡旧瓷碎片，辨别真伪的眼力就会不断提高。旧瓷片会把你带回从前。面对大量的旧瓷片，你将熟悉那如脂似玉的胎骨、晶莹剔透的釉浆、流畅的线条，回味无穷的青花色和画面中浓郁的生活气息。最重要的是，你能感受到那个时代的文化气息，而新瓷则具新时代的文化特点。

总之，仿古陶瓷都是现代人所为，或多或少都会带有一些现代人的工艺痕迹。

粉彩花卉粥罐

年代　民国时期
规格　高 25 厘米
　　　底径 22 厘米

断时代

这个要求似乎同辨真伪差不多，是一个问题的两个方面。

在鉴定时对瓷器年代的断定，学术界形成了一些不成文的规定，明代以前的器物，能定出朝代即可。再细一点儿，那些历时较长的朝代如唐、宋，能分出早、中、晚更好。

在鉴别时应特别注意，那些能定出绝对年代的器物，在科学上最有价值，往往能作为标型器，作为研究资料。这种绝对年代，多由器物本身铭文显示。明代以后的朝代，要求能定出以帝王年号为阶段的相对年代，如明宣德、成化，清康熙、嘉庆等。只说是明代、清代，就不大够水平了。

另外，明、清中历时长的年代，如明之嘉靖、万历，清之康熙、乾隆，能分出早、中、晚期更好。

关于瓷器鉴定中的断时代，要对每一个时代的瓷器风格和特征都有所了解，对所收藏的瓷器年代要有全面了解，方可做到准确判断。

各个朝代生产的瓷器，其造型、颜色、花纹装饰及工艺方面，都有各自不同的特点。如拿出两个朝代的实物样品进行比较，即可看出各朝的风格和特点。

清代是离我们最近、瓷器存世量最大、收藏者接触最多的时代，清代各朝的瓷器，内容丰富，既有共同风格，又各具特点。这里试以清代各朝瓷器为例，对其特点和风格进行比较和介绍。

粉彩人物笔筒

年代 民国时期
规格 高13厘米
口径8厘米

粉彩山水纹茶盘

年代　民国时期
规格　长 32 厘米
　　　宽 28 厘米

在清代，瓷器工艺受到西方绘画艺术的影响，因而出现了具有西方绘画风格特点的花纹图案。如在珐琅瓷器和部分出口瓷器上，时常可以看到一些西洋人物、楼房、船和狗之类的花纹图案。这是清代瓷器总体的时代特征。

清代瓷器的造型，顺治、康熙时期古拙、丰满、浑厚；雍正时期秀巧隽永；乾隆时期则显规整；嘉庆、道光时期以后则稚拙笨重。

胎体、琢器类，一般薄厚适中，圆器类则有厚有薄。康熙时期，胎体厚重，质地坚硬细密；雍正时期胎质轻薄、细润、洁白度高；道光时期以后的胎体厚笨，质地疏松。清代的琢器在腹、颈部接痕极为少见。明代瓷器的露胎处常泛火石红色斑，到清代已基本消除。

釉面，清代不及明代肥腴光亮，施釉稀薄，色泽略显青白。顺治、康熙两朝，釉面平整细腻，胎釉结合紧密，釉面分别呈青白、粉白、酱白、硬亮青等几种色泽；雍正时期釉面不平整，多有橘皮皱纹；乾隆时期的平整泛青；嘉庆、道光时期以后的不够平整，波浪明显；晚清时期施釉稀薄，釉质疏松，不够紧致。

纹饰深受同时期绘画风格的影响。民窑瓷器，写意写实并存，用笔豪放；御用官窑瓷器，图案趋向规范化，用笔细致入微，构图拘谨、繁缛。早期纹饰中的山水、树木多采用斧劈皴，并加皴点，古装仕女高髻秀丽，柔细的花卉采用没骨画法；晚期纹饰中的人物面部无神，鼻部隆大。这一时期龙纹形态不一，既有方头大额，正肃苍劲的，也有纤柔细身的，龙发较多，龙脚明显突出，两只脚立体感强，龙身粗笨，一般画为四爪和五爪，如同鸡爪。

清代景德镇官窑多署皇帝年号款，民窑有干支年款、吉祥语款、私家款及图记款等。有印、刻、青花、红釉、金彩、料彩等多种，楷篆均有。康熙时期楷多篆少，雍正时期楷、篆并用，乾隆时期以后篆多楷少。晚期同治、光绪、宣统三朝，又以楷书款为多，外围为圆圈或方框格式。民窑款识多随意乱写，字迹潦草。

褐釉寿星雕塑

年代　民国时期
规格　高25厘米

元代　钧窑碗

清代八宝图案为轮、螺、伞、盖、花、罐、鱼、肠。

大件器物和早期器物，多为光滑的砂底。顺治、康熙时期瓷器足型较为多样，有双圈层底、斜削式底、二层台式底、卧底、滚圆泥鳅背形足等。

断时代与辨真伪的一个不同点在于：在古陶瓷中，有一些古人仿古器物，它们既不是被仿的那种真品，也不是今人作伪，就今天来讲，它们也是一种古代陶瓷，如宋、元时期小窑仿名窑器，明、清时期仿宋代名窑器，清代仿明代官窑器，民国大量仿清乾隆等，精者也有很高的艺术价值。

对这类器物时代的鉴定，要说出仿品的时代和被仿对象，如宣德仿哥窑，永乐仿宋龙泉窑，康熙时期仿永乐青花，雍正时期仿汝窑，乾隆时期仿均窑，民国时期仿乾隆时期等。对这类古人仿古器物，仍应充分重视，它们照样有一定的收藏、研究、观赏价值，只要我们确定了瓷器的真伪及其仿制时间，不至于鱼龙混杂，收藏时就能心中有数了。

清道光　斗彩暗八仙折腰盘

明崇祯朝　青花五彩人物小罐

判窑口

元代以前的陶瓷鉴定重视窑口的判别，也有较多资料，比较容易鉴别。

明、清时期，景德镇为官窑所在地、全国瓷业中心，景德镇官窑、民窑产品质量高，数量大，民窑产品占领了全国市场。

随着窑厂的相继衰落，一些小型民窑开始生产低档大宗产品，或着意仿景德镇民窑产品，所以产品在造型、纹饰等方面少有特色。这类小型民窑生产的瓷器各地出土、传世较少，历来不受重视，做大墓明器档次不够，日常生活中随用随丢，无人刻意保存，所以今人所见资料少，研究少，鉴别它们的窑口较困难。

随着研究工作的深入，如今对明、清景德镇瓷器以外陶瓷器窑口的鉴别工作逐渐重视起来，并特别注意明、清官窑瓷器的比较，它们的数量大大少于民窑，流入民间者更少，凡署官窑款的器物，在如今的收藏市场上大多是假的，所以藏家要小心谨慎。

清代前期康熙、雍正、乾隆三朝仿明代斗彩、青花等品种，有署明代官款者，晚清光绪时仿康熙、乾隆时期器，也书康熙、乾隆时期款，鉴别时要学会区分，多加注意。

关于各朝款识特征，名窑仿品虽多，而真品却很少。如宋汝窑烧造时间短，传世器极少。而明、清两代仿得较多。成化斗彩价格特高，明代后期、清代前期均有仿者。做结论时多加小心，观察仔细，反复推敲。

判定陶瓷器的窑口，可从以下几个方面入手。

明万历朝　青花五彩龙纹罐

◎ 观察胎

一般来说，从胎质、釉色可以看出瓷器的年代和窑口。例如，距今 4000 多年前的商周时代的青釉瓷器，又称原始青瓷，是青瓷的低级阶段，其胎为灰白色和灰褐色，胎质坚硬，瓷化程度较高；其釉色青，釉层较薄，厚薄不均。这是因为当时采用沥釉的方法进行施釉。

古代各窑基本上是就地取材，有什么料烧什么货，这使得各窑产品各具特色。现代科学的方法是通过仪器测出各已知窑产品胎料的化学组成，特别是微量元素的成分，然后将要鉴定的器物测出胎料的成分与之对比。但当所鉴定器物不便测试时，就只能通过观察胎体的色泽、胎质等来判别。经验丰富的古陶瓷鉴定专家能鉴定得相当准确。

◎ 观察釉

各窑工艺技术往往各有所长，因而形成各自固有的特征，比如宋钧窑的天青、月白色釉，宋代的耀州窑青釉青中泛微黄，定窑白釉泛牙黄等，这些显著特征是我们从釉着手判别窑口的依据。

又如，宋代龙泉窑的梅子青釉，是青釉中的代表作。其色可与高级翡翠媲美。釉层较厚，釉面光亮，玻化程度高，釉面不开纹片，质莹如玉，因其色近似梅子而得名。

当然，不能绝对化。同一窑口的器物，由于时间不同，烧成时的情况不同，釉色也有差异，有时差别还很大，这就要综合其他因素才能做结论了。

明万历朝　青花五彩进宝圆盘

◎ 观察装饰手法

各窑所处时代、地理位置、性质（官窑、民窑）等不同，受时代、区域文化、地方风俗等影响制约，纹饰内容和技法工艺都有各自的传统特征，如唐代越窑青瓷纹饰少，而宋代耀州窑青瓷装饰的刻花、印花就多。定窑白瓷印花内容多为花卉、婴戏，四川彭县磁峰窑印花白瓷则多为牡丹、凤穿花。康熙彩瓷多刀、马、人，乾隆多西洋妇女等。

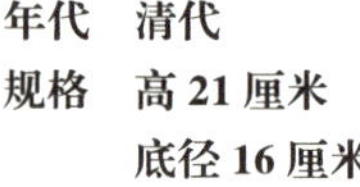
青花缠枝纹罐

年代　清代
规格　高 21 厘米
　　　底径 16 厘米

清道光朝　五彩龙凤纹碗

明代　珐花八仙人物大罐

◎ 观察工艺

窑厂经营性质不同，工艺也不同，如官窑不计成本，产品选料精良，装饰雕绘精细，相同品种的器型不多，次品销毁；而民窑追求利润，产品造型、装饰大多力求简洁、实用、美观，同类型品种多等，反映在工艺上大不一样。

龙泉窑大碗

年代 清代
规格 口径21厘米

◎ 观察器型

各窑性质不同，社会环境、地理位置不同，产品在器型上差别很大。如宋代的官窑为皇家生产的产品多为仿铜礼器、陈设器；磁州窑为民窑，产品大多为生活用器。而且，一般说来，官窑产品器型单调，造型保守，少创新，而民窑产品器型多样，形式活泼，创新多，变化多。

从地理条件上看，各窑受当地文化传统、风俗习惯制约较大，产品器型有所差异，如宋代北方窑多产瓷枕，南方较少；唐代至明代，北方窑所产瓷器形体较大，南方所产瓷器则形体较小等。

从中我们不难看出，要鉴别瓷器的窑口，必须熟悉我国各时期、各主要窑厂产品的特征，以其为蓝本，做到心中有底，有可依凭的标准。

白釉青花纹盘

评价值

在古陶瓷鉴定中，判断价值就比较灵活些，有时候简直是仁者见仁，智者见智。一件古陶瓷器的科学价值、艺术价值、历史价值，在不同的国家、不同的时代、不同的收藏研究者中，是不完全一样的。

比如，宋代、明代的民窑陶瓷，近些年才开始获得人们的特别重视，特别是民窑器上的纹饰绘画，画得恣肆豪放、精练含蓄，使艺术家们为之倾倒。又如，一些人酷爱彩瓷，另一些人则对青瓷一往情深。这种不同的喜爱，决定了不同人眼中的不同价值。

明宣德朝　青花诗文抱月瓶

明万历朝　五彩鱼藻纹花口洗

国际市场上，不同国家由于文化传统不同，对我国古陶瓷的喜爱各有偏好。尽管如此，古陶瓷鉴定中评其价值，还是有一些共同的客观标准，如完整器比不完整者价值高；物以稀为贵，历史上生产得少的，或难得一见的，或出土传世极少者，其科研价值自然高些，如汝窑器等；大名窑精品价值很高，如邢窑、钧窑、定窑等；见于文献著录的瓷器，如永乐青花压手杯、成化斗彩鸡缸杯等，价值高；官窑器由于胎釉细润，造型规整，绘画精妙，历来价值比较高；清末民初，甚至凡带宫款的器就能卖高价，故作伪之风大兴。

一般说来，价值高的陶瓷器，必须胎质坚致、釉色均匀、釉质莹润、色彩鲜明、绘画装饰精致、造型优美。但从经济上讲，就无一定之规了。

我国陶瓷在国际、国内市场上都曾拍卖出很高的价格。而且，随着世界市场上我国艺术品的不断升温，瓷器的价值还会升高。所以，评鉴一件古代陶瓷的价值，要因时而异，没有定论。

瓷器

明永乐朝　青花一把莲纹大盘

瓷器的收藏与投资

瓷器投资市场

在千百年的沧桑岁月中，瓷器以它瑰丽温婉的气质，赢得了世界收藏家的喜爱。2005年，在伦敦佳士得举行的一场拍卖会上，一只元代的青花罐“鬼谷下山”，以人民币2.3亿元的价格成交，创下了中国瓷器拍卖的国际市场最高价。瓷器市场整体价格在2003年之后上了一个新的台阶，经历了2005年开始的调整期后，在较长一段时间内处于波澜不兴的阶段，这主要是因为此前成交的高价需要市场长时间的消化。瓷器市场不温不火的现状让人们对它不敢有过多的期待，瓷器收藏似乎进入了一个低迷的时期。而目前许多老藏家尚未能适应新的价格定位。另外，这也反映了在经历了前几年艺术品投资的巨大泡沫后，投资者也更趋于理性。目前，大部分老藏家的心态极为矛盾，一方面因市场价高而不愿轻易出手；另一方面，又对自己的藏品自视颇高，没有达到极高价位便不轻易出售。

清康熙朝 豇豆红釉苹果尊

尽管如此，市场仍对瓷器有较大的期望。其一，2005 年形成的价格高位至今仍有参考意义，整体价格依然维持当时水平，大部分中高档精品价格上升，只有小部分下降；其二，市场中已出现新型的买家，即具有大笔资金、对传统文化感兴趣、对拍卖市场有信心者。价格在数十万元以上的高端品种，因为大资金的流入而价格持续上升；而数千元甚至数百元的普通品种则遭受冷遇。价格在一万元至数万元之间的中端品种，因为主要收藏人群是中产阶层，因此价格受股市和楼市影响较大，不过也有投资者反而从楼市和股市中抽出资金，投入到瓷器收藏中。目前，瓷器市场上古瓷器、古瓷片价格扶摇直上，另外，收藏界还掀起了一股收藏现代名人瓷的热潮。虽然现代名人瓷在近两年才走进拍卖市场，但价格已经动辄数十万、上百万。所以，总的来说，近几年，我们还是可以期待国内瓷器拍卖市场的温度越升越高的。

清康熙朝　豇豆红釉洗

清康熙朝　红地绿彩龙纹碗

投资误区

在收藏品市场，瓷器的仿品和赝品是最多的。对此，投资者在提高自身辨别能力的同时，也应树立一个良好的心态。专家表示，瓷器的仿品和赝品历朝历代都有，很多时候仿品是对真品的艺术再创作过程，因此仿品中也不乏精品。尤其是有了年代的仿品，市场价格和升值潜力并不低。因此，对投资者来说，最重要的是提高辨别能力，对近现代的仿品要有一定的了解，避免以真品的价格买了赝品。

对新手来说，投资瓷器之前，应先补习相关的历史知识，了解每个朝代瓷器作品的特征，学会通过观察瓷器的器型、胎质、重量、纹饰、颜色等，判断瓷器的大致年代。掌握一定基础知识之后，可以到博物馆或一些精品展中参观真品，以形成直观的认识。对大众收藏者来说，要提高自身的鉴赏能力，首先要走出以下古瓷收藏的误区。

清顺治朝　青花人物纹笔筒

（1）总想从旧货古玩市场买到珍稀古瓷、官窑精品。

珍贵古瓷相当稀少，很早以前便受到人们的珍视，如官窑、汝窑、哥窑的珍品瓷器，目前国内外的存世量几乎都有数可查。因其十分珍贵，即使皇家也不易得之。如乾隆皇帝得到五大名窑的珍品，便御笔题诗，铭刻器底，足见其珍爱的程度。几百年来人们尽力搜求，流散民间不被认识、重视的可能性几乎没有。因此，不要轻信自己运气比别人好，会碰上被埋没的国宝。如元青花瓷在元代烧制较少，当时烧制元青花用的是进口青料，成本很高，民间能用得起这种高档青料的瓷器自然为数甚少，主要是祭祀用器，因此遗存极少。但元青花在20世纪30年代被发现认识以来，声名远播，人人皆知其珍稀名贵，地摊小贩亦不例外。若能轻易以廉价买到元青花，实属可疑，当慎之又慎。至于那些有官款或有官窑工艺纹饰图案的历代官窑瓷器，更是罕有流入民间。官窑瓷器除皇宫自用外，便是御赐庙宇的祭器和外交馈赠的出口瓷。这些瓷器很难流散民间，且经过数百年能保存下来的更是少之又少。在战乱年代流出宫廷的瓷器，当时已十分昂贵，经列强疯狂掠夺，多流落海外，少数得以保存的都是有赖国内大收藏家的努力。了解了这些情况，再来看

市面上那些打着官窑款的瓷器，其真实性不言而喻。无论古墓出土、旧楼偶得、贵胄家传，无非都是编造的故事。走出随处可购珍贵名瓷和官窑精品的误区，可以帮助藏家在面对仿冒的珍品时保持冷静，克服那种看到一点珍品特征便主观肯定的激动情绪和鉴定态度。

（2）收藏定位太高，不切实际。

对所处地区可能收藏到的瓷器品种缺乏认识，不从实际出发，盲目按照书本上著录的瓷器去决定收藏定位档次，这是许多收藏爱好者的通病。对那些有收藏价值又有条件买到的古瓷不屑一顾，只想买那些没有可能出现的珍品瓷器，正好跌入制售赝品者的圈套。这种不切合实际的收藏定位观，主观上便拉开了接触真品的距离。

清康熙朝　青花婴戏图将军罐

（3）唯恐漏掉稀世珍品，宁肯掏钱一搏。

出现这样的情况，通常是仿伪者利用当前许多收藏爱好者阅历不深、辨伪能力不强的弱点，专门制作一些稀奇古怪的伪品，做旧后在市场上兜售，给人一种稀少且珍贵的错觉。对于收藏者来说，虽然心中没底，但又苦于没有参照器物和资料，又怕漏了货，因此掏钱买了赝品。在收藏古瓷活动中捡漏，只有鉴赏水平很高的人才有可能。有漂亮外观的古瓷真品，人们都知道它们值钱，商贩们也不容易以廉价买到，所以售价绝不会低。至于瓷器珍贵与否，往往表现在瓷器所含历史文化信息量上，这就不仅仅是外观漂亮所能决定的。藏家需要对中国瓷器各个历史时期的烧制工艺状况与发展有较多了解，在收藏中有高人一筹的鉴赏水平，才有可能捡漏。如果怕漏货而侥幸购买，只能导致上当买赝品。

清康熙朝　青花饕餮纹花觚

明崇祯朝　青花人物莲子罐

（4）按图索骥，比照鉴定理论书中的特征，往赝品上凑。

目前收藏类理论书籍很少研究和关注民窑瓷器，有些理论专著是研究我国瓷器艺术成就和历史的，书中的论述对象往往选择最能代表当时成就的名品和官窑瓷器。其叙述的工艺纹饰特征也主要以官窑名瓷为依据。这方面的资料比较多，仿伪者往往依据这些资料描述的特征和图片进行仿制。在民间收藏活动中，很难遇到珍品，所以这些书籍只能帮助我们了解历史上各时期的制瓷成就和代表名品，于实际收藏活动的指导意义并不太大。但是，市面上的仿品却有很多特征与书本相符，如果我们没有走出按图索骥的误区，便最易上当。

总之，中国陶瓷艺术如同一条大江，源远流长，从原始青瓷到明清两代的瓷器，瓷窑异彩纷呈，不同地域、不同时期形成了不同的风格特点，这些瓷器都很有收藏价值。民间收藏应把着眼点放在历代地方瓷窑和明清民窑瓷器上，注重其中有特色、有个性的品种，收藏时小心谨慎才好。

青花缠枝喜字瓶

年代 清代
规格 高43厘米

瓷器收藏潜力品种

瓷器的收藏价值和投资价值是由它的文物价值、审美价值、工艺价值、艺术价值、技术价值等决定的。瓷器收藏投资需要技巧，作为投资，不单单考虑个人志趣，还要考虑价格与价值之间的比值关系，投资不仅仅是保值需求，更重要的是对增值的需求。

我国陶瓷艺术品价格的确定，基本上和其他艺术品价格确定标准相一致，是根据比质、比价、物以稀为贵和随行就市的原则来确定的，主要参考标准包括历史价值、艺术价值、文化含量、存世量、审美时尚等。

早期瓷器存世量少，目前尚未形成收藏热点，所以瓷器收藏的价格大致分成民国、明清、宋和宋以前几个时期，研究它们的价格结构和变化，有助于比较客观地预测瓷器收藏市场的价格趋向，做出收藏投资选择。

明崇祯朝　青花花鸟莲子罐

清康熙朝　青花釉里红“圣主得贤臣颂”文笔筒

官窑的升值潜力

明清时期，由于皇帝喜欢瓷器，在江西景德镇专门设立官窑，专供皇室用瓷，并任命信任的官吏要员主持窑务，明代是宦官，清代是监窑官。故而，明清官窑瓷器成为中国古代瓷器的经典之作。这个时期的中国瓷器也达到世界陶瓷的巅峰。

官窑烧制量少，每一件的制成都要烧制几件乃至数十件才有一件合乎要求，因此每一件都是精品，仅供皇室使用，平民百姓连看都看不到，更别说收藏了。只是后来经过战乱，才有一些流传到民间，但保存下来的极少，全品相保存下来的就更少。因此，物以稀为贵，官窑瓷器一直是国际收藏界的宠儿，每当在国际拍卖会上出现，都能拍出高价。

官窑器按年代分析，最主要的是明清官窑器，其价格一般在数万元至数十万元之间。其中器型佳者，如炉、瓶等特大、特小或稀有者价尤高，甚至超过百万元，而碗、碟、盘等日用性器型则价次之。

明清两代的官窑瓷器（尤其是清初的康熙、雍正、乾隆三朝）在造型、胎质、釉色、彩绘、图案、款识和装饰艺术等方面无不达到尽善尽美的境界，令人爱不释手，为之倾倒，故最易“脱手”，其价亦俏。

官窑器中又以著名的“御窑器”的价格最昂贵。如明代永乐、宣德时期的青花官窑，成化斗彩中的鸡缸杯，清代康熙、雍正、乾隆时期的珐琅彩及豇豆红、天青釉等。对于成化时的鸡缸杯，古人有这样的描述：“神宗（明）时尚食，御前成杯一双，值钱十万。”当时已贵重至此。又如清雍正时期的一只珐琅彩莲子碗，20 世纪 80 年代后期在香港的拍卖成交价竟达 1650 万港元。

还有一类署有“康德”年号底款的，画工精美，并带有些许日本文化色彩的瓷器，亦应视其为官窑。1995 年在上海朵云轩拍卖公司和兰馨艺术经营公司联合举行的拍卖会上，有一只粉彩蓝背粉黄色的盆，直径 17.5 厘米，底款为蓝料釉楷书“康德四年”（康德为 1934 年成立的伪满洲国的年号，康德四年应为 1937 年）。该盆当时以 2.5 万元成交，时隔两年又在某一拍卖行出现，成交价即升至 4 万元。

官窑数量的稀少程度决定了它的价格只涨不跌，所以是收藏品中最具有保值功能的品种之一，而增值起来往往令人瞠目结舌。所以官窑是投资古陶瓷的首选，一旦遇到真品且价格合适，要毫不犹豫地购进。

明崇祯朝　青花花鸟花觚

清康熙朝　文王求贤天球瓶

青花凤穿花纹罐

年代 清代
规格 高 28 厘米
底径 16 厘米

青花的上升空间

青花原来因为色彩单一，一直很便宜，后来日本人喜爱青花的朴素无华，大量收购，带动了青花在国际市场上的价格，现在中国青花在国际上被收藏家一致看好。

青花是我国最具有民族特色的古瓷，对于图案清晰、线条流畅、意境高古、艺术精湛的青花可大量收藏，特别是有人物、有情节、绘工好的青花，要果断收进。试想，一件清朝普通画家的绘画作品，品相完好的已值数万元，而一件民窑青花绘画瓷瓶在国家文物商店只要数千元，在古董市场上可以讲价到 1000 元左右，而在“鬼市”有时运气好最低可以数百元就拎回去。

如此低的价格，而青花的绘画艺术又不比一幅清朝普通画家的绘画差，青花还有工艺性，所以无论从艺术性或工艺性、文物性，青花人物、动物、花鸟瓷瓶都不比一幅画差。因此，随着现代人的审美潮流回归简朴，青花的潜力无限。

新中国成立以来，由于考古的新发现和对瓷器的深入研究，逐渐从明、清青花瓷器里分离出元代和明初洪武时期的青花瓷器。因为元和明初景德镇作为全国瓷都的地位初步确立，釉下彩青花及釉里红的烧制刚刚成熟，传世产品凤毛麟角。加之当时用料精选，特色明朗，器型别致，画意精到，色彩艳丽，这类釉下彩瓷器虽器底均未署款，名义上无官窑之称，然按当时的社会情况可推算出是专供皇室与达官贵族享用的。现今的价格可高达数百万乃至数千万元，这是比较特殊的情况。

所以，如果遇到元和明初景德镇的青花瓷，在适当的价位，要大胆收藏。

粉彩瓷器将大放异彩

在收藏兴趣集中到青花的时候，粉彩瓷器的收藏价值被忽略了。过去文人一度认为粉彩瓷器俗艳，所以轻视它，然而风水轮流转，俗极即雅，雅俗共赏，粉彩瓷器将大放异彩。

粉彩瓷器的收藏，当首推雍正、乾隆粉彩瓷器。因雍正、乾隆粉彩瓷器一向以其细腻的胎质、莹润的白釉、典雅的图案、艳丽的色彩而备受收藏家的青睐，成为中外历次中国古典艺术品拍卖的聚焦点，价格更是直线上升，居高不下。

2000 年在香港的一场拍卖会中，一件乾隆粉彩花蝶纹如意耳尊，落槌价高达 3000 万港元；一件雍正粉彩团花蝴蝶纹碗的落槌价亦高达 900 万港元。

受此影响，在北京的一场拍卖会上，一对普通的道光黄地粉彩花卉碗的落槌价也曾高达 42 万元。如此动辄数十万、几百万、上千万元的高昂价格，绝非常人所能轻易购得。

清道光朝　绿彩龙纹盘

清道光朝　青花红彩龙纹盘

那么，既喜欢粉彩瓷器，却又不想投入巨大的财力，该从何处着手收藏呢？嘉庆粉彩瓷器是一个值得重视的收藏品种。

嘉庆粉彩瓷器的生产，承袭了雍正、乾隆朝的风格，器物的造型、图案、彩料乃至窑工都继承了乾隆朝，因而从质量上看，嘉庆粉彩瓷器的质量绝不逊于乾隆朝，并且由于嘉庆皇帝在位仅 24 年，远少于乾隆帝，所以嘉庆粉彩瓷器的数量尤其是精品也远少于乾隆粉彩瓷器，而其价格却远低于雍正、乾隆官窑粉彩瓷器，因而在国内外市场上具有一定的升值空间。

嘉庆登基之初，尊乾隆为太上皇，宫中御用官窑瓷器的生产模式与前期相同，因而在传世作品中，嘉庆官窑粉彩器中亦有不少精品，且格调高雅，不逊于雍正、乾隆时期的佳作。

以青花粉彩灵仙祝寿赏瓶为例，该瓶瓶口外撇，颈部修长，腹部浑圆，造型秀丽，通体以四道金彩弦纹为界饰，自上而下分别绘如意纹、寿桃、灵芝、宝相花、回纹等，腹部主体纹饰为灵芝、水仙、天竺和寿石，寓意“灵仙祝寿”，整体构图层次清晰，疏密有致，底落“大清嘉庆年制”六字三行篆书款。

此瓶可称为清代粉彩瓷器中的上品，其别致之处有三点：

其一，一般的嘉庆时期的粉彩瓷器大多以色地为主，白釉为地则极为少见，而此瓶恰恰以白釉为地，且白釉非常洁白莹润，并不多见。

其二，为了使瓷器的色彩更加丰富，立体感更强，乾隆时期开始将斗彩同粉彩一起烧制于一件器物之上。由于工艺复杂，烧造损耗较大，因此即使在乾隆时期也较少使用，嘉庆时期则更是凤毛麟角。此瓶不仅使用了青花，而且以青花绘山石为主要纹饰，突出了色彩对比。除了使用青花外，还用了线刻工艺，瓶腹树叶多处用单线或双线刻出纹饰轮廓。

其三，嘉庆粉彩瓷器的内里的器底多施松石绿釉，并用矾红书写年款，而此瓶内外均不施松石绿釉，且以青花书款，极为难得。

综上所述，嘉庆粉彩瓷器，尤其是精品，作为收藏的一个品种，当得到应有的重视。

清康熙朝　豆青地青花釉里红人物花觚

清道光朝　釉里红团凤纹碗

清道光朝　青花花卉纹碗

名窑瓷器稳步升值

名窑包括哥窑、钧窑、景德镇窑、汝窑、定窑，此外，还有龙泉、耀州、磁州、登封、建阳、吉州、铜官、扒村、德化、宜兴等窑，其珍品的市场收藏价格亦居高不下。

名窑瓷器因做工精致细腻，有些和官窑也相差无几，因而一直是古瓷收藏家寻觅的对象。

名窑瓷器首选钧瓷，钧瓷是这些年价格不断上涨的品种之一。其次属哥窑瓷、汝窑瓷、定窑瓷。

钧瓷具有古朴典雅的造型、变幻神奇的釉色，钧瓷以其特有的魅力，令人折服、陶醉，古往今来，一直为众藏家所珍重。

钧瓷作为宋、金、元时期生产的古瓷，距今已有几百年的时间，如今，散落在民间的传世器物几近绝迹，文物市场上偶有所见，也多系出土之物，真品寥寥，赝品却充斥市场。一些高仿品经过做旧处理后，几乎达到以假乱真的程度。所以在收藏钧瓷的时候，准确鉴别真假十分重要，应从胎、釉、型、足等几个方面辨别。

北宋时期生产钧瓷的窑厂只有河南境内的禹县、临汝、宝丰、郏县四个相邻地区。它们的共同点是：胎土处理非常精细，胎泥陈腐彻底，颗粒小，密度大，烧成后胎质坚硬，大部分器物涂有酱色护胎釉，从瓷片截面看，胎质呈深浅不同的香灰色。

金代，钧瓷在河南地区的烧造范围扩大，胎土处理仍很精细，砖红色、土黄色、灰黑色和原有的香灰色胎色，护胎釉仍很流行。

元代，烧造仿钧釉的瓷窑迅速发展。这些窑厂多采用本地瓷土，胎料处理远不及宋、金精细。胎松质粗，瓷化程度低，增加了浅白色胎，个别窑厂使用护胎釉。

北宋时期的钧釉是在唐钧基础上发展成熟的一种乳光釉。早期产品多天青色、天蓝色、月白色等单色釉品种。这些极具大自然色调的精美釉色把以铁为主要呈色剂的传统青瓷釉色提升到了一个全新高度。

清道光朝　青花云龙蝙蝠纹双耳瓶

清道光朝　青花缠枝莲赏瓶

宋代　定窑宝珠钮盖罐

为了凸显釉质美感，钧窑胎体经素烧后，反复多次施釉，釉层肥厚，成为我国创烧厚釉瓷的领军窑厂。同时，钧窑匠师独辟蹊径，继汉唐出现的低温彩色铅釉之后，成功地烧造出玫瑰紫、海棠红、鹦哥绿、铜红系列的高温颜色釉。

钧瓷天青色、天蓝色釉明快艳丽、滋润饱满，玫瑰紫、海棠红色釉层次丰富、自然流畅。用10倍放大镜观察，釉层内布满了或大或小的气泡，但釉面却平滑如镜，绝少有棕眼现象。宋钧瓷的彩色斑块为追求色彩变化，特意使用含铜釉料做成。从残瓷截面能看出红斑区白胎到釉面与其他颜色釉的明显区别。

由于釉在高温下的熔流性，导致不同色釉相邻区域釉液互相浸润。仔细观察，红斑区釉面可出现四种以上微妙的色阶变化。在钧瓷釉色中，鹦哥绿属于名副其实的窑变釉品种。

金钧瓷釉色十分精美，釉面亦很光滑细润，碗、盘、罐类铜红斑块多于宋钧瓷。虽然通体施釉，但釉面仅及足部，有些足心内虽也施釉，但明显减薄，且不完整，乃至无釉。

元钧瓷釉面与宋、金时期相比较为逊色，圆器、琢器类施釉仅及腹下或只施半釉，釉层减薄，多数铜红斑块晦暗朦胧，釉面有较多气泡破裂后形成的棕眼。

宋、金、元钧釉系釉面都有一些或疏或密的开片现象，这是它们的共同特征。这种开片不同于哥釉瓷的开片，并非窑工刻意为之。产品烧成后，由于胎、釉之间膨胀系数不同，在复杂的保存条件下，其中某一条件失衡都会导致釉面产生裂纹，出土文物中此现象尤为明显。

开片疏密与烧成温度有直接关系。温度低，开片密；温度高，开片疏。整个钧釉系产品的烧成温度可能都处于1250℃之下，介于微生烧或生烧范围内。结合温度与开片的关系就会发现，自然形成与今人伪作的开片有很大区别。

由于釉在高温下的流动性，所有器物口沿、棱角、边缘处，釉层明显减薄，呈现出微带橄榄色的透明层。釉层下护胎釉或胎色清晰可见。由于年代久远，涂有护胎釉的这些部位，放到日光下观察，缩釉处会反射出五颜六色的蛤蜊光。此特点是收藏投资钧瓷时应特别注意之处。

黄釉笔洗

年代 金代
规格 高10厘米
口径6厘米
底径6厘米

粉彩六棱壶

年代 清代
规格 高 15 厘米
底径 12 厘米

精品不容忽视

收藏投资瓷器，除了四大名窑的产品，其他一些有一定名气的窑的产品也可考虑。

像宋代吉州窑中的“木叶黑釉茶盏”，因和日本茶道有渊源，其佳品价格亦可高达 40 万至 50 万港元。“木叶黑釉茶盏”是宋代吉州窑黑釉瓷中的精品。它选择纹路清晰的菩提树叶子，粘贴在无釉的素胎瓷器上，再上黑釉，入窑一次烧成。其树叶的叶脉纵横交叉，天然而独树一帜，日本人称之为“木叶天目古”。

再如雕塑造型精美的汉代绿釉陶（银釉陶），隋、唐、五代时的越窑青釉瓷，有的上面还刻有纪年和署名的，其价亦不菲。

又如，明、清时期宜兴窑的紫砂雕塑和制壶名人龚春、时大彬、陈鸣远、陈曼生等的原作，价格都在数十万元至数百万元之间。

有时一件精美的古瓷没有出处，或出产窑毫无名气，但这件古瓷又实在是好，就可以果断购入。瓷器本身好是投资需要考虑的重要条件，用普通的价格，投资到瓷质、绘画和工艺俱佳的瓷器，必定会有丰厚的回报。

那么，哪些未入四大名窑的窑厂瓷器，较多精品，收藏投资潜力大呢？

首先，长沙窑值得重视。

长沙窑以开创陶瓷史上釉下彩绘先河而名扬天下，它体现了湘人惊世骇俗的创造力与“敢为天下先”的个性。长沙窑瓷器还有一个创举，那就是釉下彩绘山水、人物、花鸟及诗文书法。这是一种空前的艺术创新，前无古人，它的山水、人物、花鸟和诗文书法，张扬着湘人的智慧与审美的魅力，透出一缕大唐民俗文化的清新气息。

若干年前，在它的遗址上发掘出的哪怕是一块残片，都可以在国外换一辆高级轿车，可见世人对它的价值是非常认可的。

若干年前，长沙窑窑址出土了中国陶瓷史上第一把铜红釉执壶，引起极大轰动。铜红釉是用适量的铜配制的釉料，在高温还原焰中烧制而成，技术要求极高，烧成难度极大，它对窑温、铜含量等因素极为敏感，如果工艺条件差之毫厘，就根本得不到红色釉。长沙窑窑工在无意间发现了铜红釉后，通过无数次探索，最后烧制出以铜红作为装饰的彩釉，从而完成了我国陶瓷史上一项伟大的发明。

红绿彩凤纹盘

磁州窑白地黑花罐

宋代　磁州窑黑瓷碗

这件长沙窑执壶，在造型上与长沙窑的常见瓷壶有别，形体颀长，不是那种肥腹直颈风格。从底至肩，渐渐收敛变小，而壶颈以上则由小变大，线条流畅，过渡自然，在一种浑厚古拙中透出雅秀风韵，制作的风格体现出初唐特色，在所有出土的长沙窑瓷壶中可谓独具一格。

它的铜红釉彩堪称罕见。在它通体被土蚀成牛毛纹开片的青釉之上，围绕壶腹施有一道艳丽如霞的铜红釉。这种红釉带有后来钧窑器上玫瑰紫的美丽色泽，近乎窑变，红釉漫散开来，有如中国画的落纸晕染，红色流动之处，漫成淡紫、浅酱颜色，接近水墨画效果，极具审美情趣。

长沙窑属青瓷系列，不知是哪一位窑工突发奇想，将一道铜红釉施在青釉之上，凸现出一种抽象而任性的美学情趣，而这种抽象的美学情趣，正如长沙窑釉下彩绘常用的夸张与变形手法一样，体现出唐代湘人的“超前意识”与无拘无束的个性，是真正的唐代民俗文化中的“抽象派”。

其次，高丽镶嵌青瓷也值得收藏投资者关注。

高丽镶嵌青瓷标本在韩国、日本及中国均有发现，欧美一些博物馆也有收藏。太原市考古研究所在整理标本库时，曾发现一件高丽青釉镂空镶嵌瓷枕，该瓷枕呈束腰长方形，

青釉，釉面整洁清亮，釉质凝重，釉层较薄，无开裂纹。胎为淡青灰色，胎土颗粒稍粗，但紧致细密。胎厚度约 1 厘米，六面厚薄均匀。

纹饰上，六面镂空，均为白色镶嵌花纹，其中四面中央均镶嵌菊花，左右侧壁为镂空花朵。工艺上，该瓷枕以镂空为主体纹饰，白线镶嵌主要是作为边饰而存在，菊花的黑白镶嵌更是锦上添花，这两种手法细致缜密，规则严谨。

高丽镶嵌青瓷在 10 世纪后期已经滥觞，大致鼎盛于 12 世纪中期到 13 世纪中期，这一事实基本上已得到考古资料的证明和学术界的认可。关于这件瓷枕的年代，从可以比较的器物看，在 12 世纪前半期就有这种高丽青瓷的镂空技术。

目前，高丽青瓷在吉林、辽宁、北京、天津、河北、上海、安徽、浙江、江苏乃至广东都有收藏或出土，虽然一些收藏品的流传难以确定，但出土的范围还是比较广泛的，而且数量多，品类也比较丰富。

宋代　吉州窑玳瑁釉鬲式炉

哥窑莲花碗

《袖中锦》记载的瓷器有两种：一是定瓷，二是高丽青瓷。与定瓷相提并论，可见当时的士大夫对高丽青瓷的评价和喜欢程度。所以，相当数量的高丽青瓷流入我国就是可以理解的了。

再次，磁州窑也有大量精品瓷器。

磁州窑尽管未入四大名窑，但其瓷器品质也可圈可点。

历来论磁州窑，都以宋代为重点，兼及金元。因为有宋一代，磁州窑的辉煌成就令世人刮目相看。

其实，明代磁州窑也出品了一些传世佳品。从窑址考察与传世实物看，明代磁州窑并未停止生产，特别是民间日用瓷。日本陶瓷研究家长谷部乐尔先生 20 世纪 70 年代在其著作《磁州窑》中曾说："应该说，磁州窑历史的后半部分，仍然笼罩在黑暗中。"

明代磁州窑虽已从宋、金、元的兴旺之后渐趋衰落，但仍在继续生产，且也不时有佳作出现。据史籍记述，明代磁州窑生产了大量酒罐，至今北京潘家园市场仍有出售。可见，明代磁州窑瓷器收藏仍有机会。

此外，还有一些并不出名的窑址，出产了一些精品瓷器，这些精品瓷器，都有很高的收藏投资价值。

明清瓷器是投资重点

官窑具备增值的前景，然而由于其价格不菲，非一般工薪族所能承受，其增值潜力已经是有限。相对而言，明清瓷器因价格较低，仍有一定的升值空间。

从年代上选择，明、清瓷器最适合投资。因为明、清前的唐、宋、元代瓷器价格已很高，虽然年代比明、清瓷器久远，瓷器的质地却比明、清瓷器差远了。

明、清瓷器的投资价值来自它的三大特色：

第一大特色是精致细腻。不仅瓷质细腻，造型也很精细。明、清瓷器是经过无数朝代的探索，不断完善造瓷工艺而取得的中国瓷器的最高成果。这决定了它的质地有最大的优势。

第二大特色是色彩丰富，工艺达到了炉火纯青的境地。除了青花，明、清瓷器还具有创造性的彩绘。

南北朝　洪州窑青瓷盘口瓶

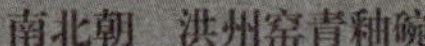
南北朝　洪州窑青釉碗

辽代　缸瓦窑剔花瓶

第三大特色是绘画艺术精湛。明、清瓷画无论是山水画、人物画，还是花鸟画，都具有较高的艺术水平，形神兼备，线条流畅，接近国画。

故而，明、清瓷器是各朝代瓷器的投资首选。

明、清瓷器中最值得关注的是景德镇瓷器。

这是中国瓷器的收藏者遇到最多的一类，其价格的结构以官窑器为第一，带堂名款的瓷器价格高居第二。所谓堂名款，即一些达官贵族私人定制烧造的带有其浓厚家族色彩的并且在款识中注明属于某人的堂名和款记的各类精美瓷器。

堂名款瓷器始于明末，盛于清。实际上有一部分堂名款的瓷器也可以说是不亚于官窑产品的水平，如道光年间的慎德堂和洪宪年间的居仁堂等。

慎德堂瓷器利用景德镇的优良瓷土和传统工艺在景德镇烧成瓷的坯胎，然后运至九江，因当时九江为长江中游水陆交通的枢纽，经济、文化迅速发展，文人书画家汇集，即请优秀的瓷业画家上釉加彩填金等，再次入窑烧成。

此类堂名款器，胎骨细腻坚实，画工精美，其特色是在器底和器内壁均施以松耳绿，釉色柔和富丽，亦称“九江瓷”。这样景德镇的胎、九江的彩，各取其精，巧妙结合，其价格高的可以超过 10 万元，以器型、大小的不同，一般在数千、数万元之间。

民窑中的精细者价格居其三，其中尤以清康熙时的民窑瓷器质量、价格最优，产品不拘一格，画意洒脱硬朗，与同时代的民间的人物画、写意画一脉相承。其中还不乏文学小说的画意，如《西厢记》《水浒传》《三国志》等。在书法上还有以蝇头小楷工整地书写整篇文学名作的，如苏东坡的《赤壁赋》、诸葛亮的《出师表》等。

民窑产品中的优秀者，特别是康熙时期民窑瓷器的艺术价值不可低估，其价不同凡响，亦在千元、万元之间。

无论是官窑还是民窑的产品，其器型特殊者价格高，比如：瓷器的灯、瓶、炉、杂式器的价格相对比碗、盆、碟、勺的价格高，出类拔萃的比一般产品价格高。从收藏角度出发，彩色釉、低温单色釉的价格比青花略高。

粉彩仕女纹罐

年代　民国时期
规格　高 28 厘米

粉彩竹纹壶

年代　清代
规格　高15厘米
　　　底径8厘米

此外，明代前期至中期的正统、景泰、天顺，中期至晚期的隆庆、泰昌、天启等皇帝，在位时间较短，产品亦少，而且在这时期所烧造的瓷器物上，往往不注年号和写款，很难辨认，习惯上我们称为明代的“空白期”瓷器。

明代中晚期瓷器制作上比较有成就的年代主要有成化、弘治、正德、嘉靖、万历等。一旦识别考证确认是这些年号后，价亦高。

民国时期，景德镇“珠山八友”的出现，表示我国民间瓷业进入了陶瓷艺术与书画艺术相结合的新领域。景德镇亦称珠山，“珠山八友”指的是民国时期会聚在景德镇的一批民间的优秀瓷业画家，他们是王琦、邓碧珊、徐仲南、田鹤仙、王大凡、汪野亭、程意亭、刘雨岑八位，他们对于山水、人物、花鸟、翎毛、走兽、鱼虫等题材无所不能，无所不精，工、写兼备，诗、文并茂。现在市场上他们的作品，根据尺寸大小，价格均在数万人民币至数十万人民币之间。

粉彩人物鼓式罐

年代 清代
规格 高30厘米
口径12厘米
底径12厘米

当代艺术瓷器可关注

本书主要是介绍古代瓷器，但在古陶瓷收藏火爆之时，当代艺术瓷器也走进了寻常百姓家。如深圳、北京、上海、广州等地，常年有景德镇陶瓷展销活动，购销两旺。故而附带介绍当代艺术瓷器的收藏投资价值，读者可开阔视野。

当代艺术陶瓷相对古瓷价格较低，加上艺术品位高、符合当代人审美情趣，而受到广大收藏者青睐，说明了其具有的收藏投资潜力。

在当代艺术瓷器中，哪些具有更高的收藏投资价值呢？且看下文的内容。

◎ 当代大师的作品

这类称号必须是国家和省市政府授予的（厂、地区自定的不在其内），如景德镇的秦锡麟、王锡良、张松茂等。他们的作品可以说是经过了千锤百炼，艺术价值很高，市场价几可与明清官窑并肩，是收藏投资两相宜的品种。

20世纪60年代以来，有一批著名书画家到景德镇和宜兴等地，与当时的制瓷、制陶（茶壶）名家合作，创制的艺术品品位极高。如林风眠、刘海粟、陆俨少、王个簃、程十发等画家画的瓷盆、瓷瓶等，既有书画的高品位，又有陶瓷的气质与装饰性，价格极高。

收藏此类陶瓷必须注意，著名书画家的瓷画为孤品，因有人可利用现代的照相和复制技术批量生产，这样就影响了其投资价值。如宜兴紫砂茶壶，当时请了百岁画家朱屺瞻画过五把壶，结果被盗版商人大量制作，市场上竟出现了几百把伪造品。

钧窑瓷器

唐代　密县窑珍珠地鹦鹉纹枕

◎ 高仿限量瓷器

现今的仿制品，有的科技含量很高，使用化学分析、电脑测绘等技术手段，烧成之后还百里挑一，并将挑剩下的打碎抛弃。这样的仿制品，其本身的生产成本亦高，可比民国初期的"洪宪年制"的瓷器。估计若干年后，也会成为古玩中的新宠。

◎ 有纪念意义的瓷器

如为某个名人、某件具有特殊意义的事情定制的瓷器，也可以收藏，今后的价格亦会升高。如新近拍卖的中南海用瓷，1997年7月1日纪念香港回归的景德镇定烧的国家级、省级的瓷器等。

◎ 艺术价值高的瓷器

这是一种创新的陶瓷器，有的继承传统，有的吸收外来文化，标新立异，独辟蹊径。正如清初的珐琅彩，近代的结晶釉，于当时来说都是创新。相信此类具有时代气息的新一代艺术陶瓷，今后也将不断地涌现，走入收藏的行列。

谈瓷器的投资价值，并不是要投资收藏者一味地为了赚钱而投资。从经济规律来看，一味地为了赚钱，往往赚不到钱，倒是那些无意为之，没有想到靠其增值的收藏家，其收藏品在不知不觉中有大的增值。

真正的古今陶瓷艺术品的收藏家们，他们的收藏目的绝不仅仅停留在保值增值上面。他们收藏中国古今陶瓷艺术品，是对历史和文化的一种积累，是提高自己修养和审美情趣的手段。

然而，收藏又不能不考虑投资因素，因为投资的成功就意味着能够有更强的经济实力，收藏到更多更好的心仪瓷器。

瓷器藏品的质量、多寡、年代是客观的、固定的，而它的价格却是变化的。其价格是根据什么而变的呢？主要是根据政治稳定、收藏群体、时尚潮流、经济发展、文化繁荣、时代特色、地区条件的不同而变化，时升时降，这给瓷器收藏爱好者提供了相当充足的时间和空间。

总之，瓷器收藏者需具备一定的文化基础和实践经验，然后才能扬长避短，根据自己的财力对瓷器存世量和艺术价值进行研究，从而确定收藏目标，这是一种操作技巧。

青花凤穿花纹罐

年代 清代
规格 高30厘米
底径18厘米

青花凤凰牡丹纹罐

年代　清代
规格　高 25 厘米
　　　底径 17 厘米

瓷器的保养

瓷器的受损

中国瓷器是人类文化艺术宝库中的璀璨明珠，它们同其他物质一样也是有寿命的，如果不加以妥善的保管和保养，就会影响它们寿命的长短。影响瓷器寿命的因素主要体现在两个方面：一是瓷器的自身条件，如一般玉石类寿命长于陶瓷类，陶瓷类寿命长于金属类，金属类寿命长于纸、竹、木、丝、毛、棉、麻等有机类；二是外在条件，即客观环境对瓷器造成的危害。瓷质文物的材料与内部结构相对来说要稳定得多，如注意改善外在条件，便能使其存之久远。一般来说，在静止状态下，瓷质文物内部并不会发生什么变化，可能使其受损伤的因素主要来自外部，即下列因素。

◎ 人为伤害

主要是磕碰以及手持方法不当造成的物理损害。

◎ 光照伤害

阳光中的紫外线通过化学作用使瓷胎、釉变色。

◎ 灰尘伤害

灰尘的成分很复杂，并且容易钻入原有胎釉的伤纹裂口。灰尘微粒在水分的共同作用下膨胀，所产生的力量会造成或加剧釉面脱落。

◎ 震动伤害

包括人为震动、地震、建筑倒塌以及气流、水流的冲刷。

◎ 摩擦伤害

有意无意的摩擦都会对瓷器表面造成损害，比如划伤、毛口毛边、磨釉失亮、脱彩等。

◎ 温湿度伤害

由于瓷器的结构稳定，所以受温湿度影响的程度远比其他文物小，只要不在短时间内经历较大温差变化，一般不会造成损害。

◎ 火烧伤害

火烧的后果很严重，釉面会变色、变质甚至裂脱，胎也会烧炸。

◎ 生物伤害

如动物的碰撞等。

◎ 化学伤害

气体或液体中的酸、碱、盐长时间的渗透会使釉胎变黄或发黑。

对古瓷造成的伤害归纳起来无非两大类，即物理机械性伤害与化学性伤害。尤其以物理机械性伤害表现得最直接明显，但是也不能忽视可能产生的化学性伤害。

元代　龙泉窑刻花盖罐

宋代　龙泉窑双鱼洗

瓷器的保存

瓷器属于易碎物品，在保存中一定要注意防挤压、防震动、防碰撞。最理想的储存方法是把瓷器放在定做的盒子里，盒子里放海绵或泡沫垫，不要把两件瓷器放在一起，如果非得放在一起，一定要用泡沫隔开。需要陈列的话，最好是放在固定的木架子上，如实木做的博古架。玻璃做的陈列架最好不用，以免玻璃架倒塌致使古玩瞬间成为遗憾。瓷器易磕碰，在展示珍贵瓷器时可用透明尼龙线固定其上部。在把玩瓷器的时候双手应该保持洁净和干燥，尽量不要用汗手抚摸瓷器。如戴有戒指应先取下，因为戒指会划伤瓷器的釉面。拿瓷器时不要戴手套，以免瓷器从手中滑落。器体大的瓶、樽因一般都是两段拼接而成，所以移动时不能用一只手提器物颈部，应该一手握住底，一手握住颈部，以免使原来拼接起来的两节分离。有的瓶、樽装饰有双耳，在取放时不能仅提双耳，以免折断和损坏。要抓住器物的主体，而不要抓把手或其他装饰部件等，因为这些地方都很容易断裂。在拿带座或带盖的瓷器时，应将座、盖和主体分别单拿单放，不能连盖带座一起端，要把能分开的部分先取下，防止移动时脱落打碎。瓷器的大盘、大碗较重，移动时应该双手捧起，或是一只手的拇指和食、中二指扣住边缘，另一只手的四指和手掌托底。忌用单手拿盘、碗的一边，以防断裂或滑脱。薄胎的器皿质轻、娇嫩，移动安放时更需小心。要双手捧，忌用单手，尤其是瓶件，底足小，长度高，还应防风吹倒。瓷器的人物塑像在取放时，需注意塑像的须发和手指部分，因为该部分最纤细突出，易损坏。同时，在提放塑像时，忌单手拿塑像的头部，因塑像的头部大多是直接插进脖子或身子中去的，要防止头与身体分离，所以应一手托住塑像的后背，一手拿住塑像的底座。遇到多人鉴别欣赏时，要一个一个来，待一人欣赏完毕，把瓷器放到木桌上，下一个人再来欣赏，不要两人将瓷器手递手地传送，以防失手。

矾红狮子纹瓶

年代　民国时期
规格　高 43 厘米

瓷器的清洗

平时可以用湿布擦拭瓷器，用柔软的画笔清扫瓷器上的灰尘，用柔软的刷子刷瓷器的缝隙。如需清洗，则在开始清洗之前，一定要把瓷器放在不易碰撞的地方，用塑料盆，不要用瓷盆和金属盆，避免瓷器碰伤。清洗瓷器时不要把带彩绘的出土器物直接浸入清洗液中，一般的污渍、土锈可以用碱性的溶液，如用“84消毒液”浸泡，视污渍的情况确定浓度和时间。当然，酸碱性质不同的污渍应用不同的液体浸泡，如碱性污渍可用白醋和草酸浸泡，中性污渍用二甲苯浸泡等。浸泡以后再以温水冲洗，直到污渍褪尽。如清洗的瓷器有开片或冲口、裂纹之类，污渍嵌入很深，浸之不去，可用棉纸蘸低浓度硝酸或者“84消毒液”，贴在裂纹处，污渍即除。但有些娇嫩的釉彩不宜用此法，以免硝酸损伤釉彩。

粉彩瓷器有的因彩料中铅的成分多，泛铅现象严重，可用药棉蘸低浓度硝酸擦去，再用清水冲洗。早期的原始瓷器由于胎质差，釉质不匀，或某些瓷器釉质内所含成分发生了结晶作用或沉积作用，硅土沉积到一定程度，釉会变成乳白色，或者会以一种不透明薄膜的形式掩盖了陶体上的色彩与饰纹。遇到这种情况，可用1%的氢氟酸做局部的施涂，每次涂几分钟，涂后用蒸馏水冲洗掉酸痕，再用细砂纸轻磨，尽可能恢复它的透明性，显露出釉下纹饰。釉面如有硬石灰，可用5%盐酸或硝酸清除。需注意的是瓷器表面遇到碱性物质会更滑，洗刷时一定要慎重拿放。另外，冬季洗

粉彩仕女纹瓶

年代 民国时期
规格 高45厘米

龙泉窑青花麒麟纹花口盘

龙泉窑青釉小笔洗

刷薄胎瓷时，要控制水温，以防器物因热胀冷缩而爆裂。有些瓷器的表里，因水浸太久，水锈黏附其上不能除去，可用上述酸性液体浸泡数日，刷之即去，若水锈很厚，可用竹签剔去。除此之外，需要注意的还有：

（1）勿浸泡于70℃以上的热水中，以免对外表造成影响。

（2）切勿使用菜瓜布清洗，以免刮伤。

（3）不可将瓷器置放于微波炉、烤箱及洗碗机中。

瓷器的修复

为了使残破的瓷器能充分体现其应有的价值，还原其本有的历史、科技及艺术等诸多内涵，就必须将其修复还原，使之发挥更多的社会效益和经济效益。

瓷器的修复方法有两种：博物馆修复法和隐藏修复法。博物馆修复法不完全掩盖损伤痕迹，是收藏家们最喜欢的方法；隐藏修复法则试图完全消除所有损伤的痕迹。亚洲的收藏家通常用截然相反的材料进行修复，比如，他们会用金色的漆来填补破裂线，这样修复的痕迹就成为这件瓷器本身的一个特征。不过，所有的修复工作都要由专家来完成。

瓷器的黏合剂，要选择无色透明、黏合强度高、耐老化力强、凝结速度快的，黏结合缝后，难辨裂口缝隙。黏结时要按事前设计的方案，照顾到相邻的关系，一般可先从底部开始粘，有的可从口沿开始粘，但要做到不能有丝毫的差错，一块错位，会影响全器。粘好后一定要挤压，用寸带捆绑固定。

矾红狮子纹瓶

年代 民国时期
规格 高42厘米

釉面的缺损补残，可用树脂与石英粉调为膏状，油泥或石膏做局部模，以树脂膏填补后，砂纸打磨光洁，难度最大的是做釉色。瓷器的釉色很丰富，主要采用丙烯酸快干涂料和喷笔、手绘相结合的工艺，各种色泽、绘纹区别对待。釉面光泽可选择“玻璃白”涂料或无色透明的双组分聚胺酯清漆、丙烯酸清漆，喷罩上后用布蹭或玛瑙碾子压光。

后记

postscript

瓷器是一种具有多种功能的器物。我们生活中的瓷器多具有非常实用的功能，美丽而高档的瓷器，更是精美的装饰品，装点着我们的生活。

有关研究表明，瓷器的历史超过3600年，其发展演化的历史，对应了我国古代璀璨的文明，凝结着我国古代制瓷工匠的聪明才智和辛勤劳动，反映出古代文化、艺术与科技在制瓷方面所取得的辉煌成就。因此，瓷器具有极高的收藏投资价值。现在我国的瓷器收藏市场相当火爆，许多精美的古代瓷器都在拍卖行拍出了高价，古瓷器的价值也得到了人们的认同。

一旦事物有了价值，作伪便开始盛行。收藏品市场一直都是如此，市场上的仿冒品日益增多。对于那些刚刚接触古瓷器收藏的爱好者来说，大量的仿冒品充斥于市场之中，鱼龙混杂的局面很容易让他们踩到陷阱，从而损失钱财且一无所获。

为了让那些刚进入瓷器收藏领域的朋友能够获得一些启发，少走一些弯路，署名者特意编撰了此书。在图书的编撰过程中，为保证专业性与准确性，我们特地前往保定，拜访了著名的瓷器收藏家赵会坡先生与闫建军先生。他们知道我们一行人的来意之后，不但积极带我们参观了他们的藏品，而且还为我们讲解了古瓷器的相关知识，并提供了许多精美的瓷器图片。正是因为有了他们的帮助，本书的整体水平才得以进一步提高，在这里再次向赵会坡先生与闫建军先生表示真挚的感谢！

瓷器的收藏需要大量的时间积累，能够获得一件美丽的古瓷器肯定是人生一大幸事，衷心祝愿朋友们能够在瓷器收藏的过程中无往不利！